Infância na Gestalt-terapia

CIP-BRASIL. CATALOGAÇÃO NA PUBLICAÇÃO
SINDICATO NACIONAL DOS EDITORES DE LIVROS, RJ

I36

Infância na Gestalt-terapia : caminhos terapêuticos / organização
Rosana Zanella, Sheila Antony. - São Paulo : Summus, 2020.
224 p.

Inclui bibliografia
ISBN 978-65-5549-006-0

1. Gestalt-terapia. 2. Psicoterapia infantil. 3. Psicologia infantil. I. Zanella, Rosana. II. Antony, Sheila.

20-65029
CDD: 616.89143
CDU: 615.851:159.9.019.2-053.2

Leandra Felix da Cruz Candido - Bibliotecária - CRB-7/6135

www.summus.com.br

Compre em lugar de fotocopiar.
Cada real que você dá por um livro recompensa seus autores
e os convida a produzir mais sobre o tema;
incentiva seus editores a encomendar, traduzir e publicar
outras obras sobre o assunto;
e paga aos livreiros por estocar e levar até você livros
para a sua informação e o seu entretenimento.
Cada real que você dá pela fotocópia não autorizada de um livro
financia o crime
e ajuda a matar a produção intelectual de seu país.

Infância na Gestalt-terapia

Caminhos terapêuticos

Sheila Antony
Rosana Zanella
(ORGS.)

INFÂNCIA NA GESTALT-TERAPIA
Caminhos terapêuticos
Copyright © 2020 by autores
Direitos desta edição reservados por Summus Editorial

Editora executiva: **Soraia Bini Cury**
Editora assistente: **Michelle Campos**
Capa: **Alberto Mateus**
Imagem de capa: **Montagem com desenho
de Lorena Mendes Rosa, 4 anos**
Projeto gráfico e diagramação: **Crayon Editorial**

Summus Editorial
Departamento editorial
Rua Itapicuru, 613 – 7º andar
05006-000 – São Paulo – SP
Fone: (11) 3872-3322
Fax: (11) 3872-7476
http://www.summus.com.br
e-mail: summus@summus.com.br

Atendimento ao consumidor
Summus Editorial
Fone: (11) 3865-9890

Vendas por atacado
Fone: (11) 3873-8638
Fax: (11) 3873-7085
e-mail: vendas@summus.com.br

Impresso no Brasil

SUMÁRIO

Prefácio 7
KARINA OKAJIMA FUKUMITSU

Apresentação 11
SHEILA ANTONY E ROSANA ZANELLA

1 Estar com a criança na perspectiva
da Gestalt-terapia 15
VIRGINIA SUASSUNA

2 O desenho na prática clínica com crianças
e adolescentes 52
EVELYN DE OLIVEIRA

3 O uso da narrativa como ferramenta clínica
no processo de integração 65
CLAUDIA CLAIR P. TESSARI

4 A vida é uma caixa de chocolates: a terapia
de grupo com crianças 86
ROSANA ZANELLA

5 Vergonha e trauma no processo de desenvolvimento 101
CARLA POPPA

6 Compreendendo a energia agressiva e a raiva
na clínica infantil 116
FABIANA DE ZORZI

7 A experiência sensorial com crianças
na clínica da neurose 145
LUCIANA AGUIAR

8 Psicossomatizações da criança: o significado
da enurese noturna e da encoprese................................ 178
SHEILA ANTONY

9 O silêncio: uma atitude terapêutica com
crianças com transtorno do espectro autista 199
TAÍS APARECIDA AUGUSTO

PREFÁCIO
KARINA OKAJIMA FUKUMITSU

A carência de estudos gestálticos sobre a infância no Brasil era gritante até que a obra *A clínica gestáltica com crianças – Caminhos de crescimento*, publicada pela Summus Editorial em 2010, nos brindou com estudos e práticas de Gestalt-terapeutas brasileiros dedicados aos cuidados na área infantil.

Nesse sentido, esta obra se configura como nova celebração, pois, entrelaçando teoria e prática clínica, amplia o escopo dos cuidados e intervenções dedicados a esse público. Neste volume, a criança se torna protagonista e figura dos diversos pontos de vista apresentados por profissionais que se dedicam a acolher o sofrimento e o desenvolvimento infantis. Rosana Zanella, Sheila Antony, Luciana Aguiar, Claudia Clair P. Tessari, Fabiana De Zorzi, Virginia Suassuna, Carla Poppa, Taís Aparecida Augusto e Evelyn de Oliveira apresentam colaboração importante em suas áreas de atuação, bem como destacam as atividades lúdicas e a compreensão sistêmica – a qual demanda a inclusão da família na compreensão de comportamentos disfuncionais, sintomas e conflitos.

Além de admirar o trabalho de Sheila Antony e Rosana Zanella, resultado de percurso profícuo no atendimento infantil segundo a perspectiva gestáltica, acompanho o intenso afinco de ambas à ampliação do entendimento da infância. Assim, é um grande privilégio e uma honra ser convidada para escrever o prefácio deste livro, sobretudo porque meu trabalho visa expandir as formas de acolhimento ao sofrimento para que a humanidade possa tolerar as adversidades.

O convite em tempos de Covid-19 trouxe frescor no período de distanciamento social; o contato das organizadoras veio no momento certo, em um período de diversas incertezas e de muitos "talvezes". Penso que nada é por acaso: foi o campo que me permitiu refletir acerca da infância na perspectiva da Gestalt-terapia, principalmente porque acredito que, se analisarmos o tema, perceberemos que só teremos futuro se cuidarmos do aqui e agora. Portanto, este estudo nos faz refletir sobre a necessidade de um olhar mais cuidadoso e atento para os sonhos e esperanças brasileiros dos pequenos. Em tempos de crise, de sofrimento e de muitas dúvidas, é necessário que a esperança prevaleça.

Na apresentação, as organizadoras ressaltam a autorregulação e o ajustamento criativo como conceitos importantes para a compreensão da saúde e da doença segundo a óptica da Gestalt-terapia. Dessa forma, o caminho de quem se propõe atender crianças é o de buscar, em sua prática, a alternância entre luz e sombra, nos entremeios dos processos de adoecimento e bem-estar.

Em Gestalt-terapia, falar sobre infância significa abordar temas como conflitos, crises existenciais, desarmonia relacional, criatividade, espontaneidade, ingenuidade, inocência, maturidade, maturação, ajustamentos criativos, autorregulação organísmica e capacidade de desenvolver novas modalidades de aprendizagem por meio da descoberta de novas possibilidades. Além disso, é demanda *sine qua non* destacar a pluralidade e a peculiaridade de cada ser humano. As crianças são, ao mesmo tempo, instabilidade e inovação para a família e para as pessoas que têm o privilégio de conviver com elas. Percebem o mundo com mais amplitude, e assim o encantamento e o maravilhamento impactam suas experiências e as de outrem. Nessa direção, abordar infância e criança implica a capacidade de desenvolver novas respostas. Ou, nas palavras que nossa abordagem tanto preza, *desenvolver a responsabilidade existencial*.

O nascimento de uma criança é um marco da existência. Sempre pensei que o oposto da morte fosse a vida. Ledo engano. No evento "Suicídio: quebrando silêncios e acolhendo a vida" (2019), do qual fui curadora, ouvi a dra. Nely Aparecida Guernelli Nucci ensinar que o oposto da morte é o nascimento. Este traz em si inúmeras incertezas sobre o caminho a ser percorrido.

Em Gestalt-terapia, a prioridade é a compreensão dos acontecimentos, e não a explicação deles. A famosa pergunta "por quê" é suspensa e valorizamos as questões "o quê?", "para quê?" e "como?". Nesse sentido, as indagações gestálticas norteiam-se para os bloqueios e a fluidez do fluxo de *awareness*. Quem é a criança? Como se comporta ao longo de sua existência? Como enfrenta as dificuldades inerentes do existir?

Não temos todas as explicações para o que nos acontece, mas podemos ajudar as crianças a direcionar plena atenção à maneira como lidam com a dor e administram seu tempo e seu espaço mais significativos, portanto funcionais.

A criança é um mistério a ser desvendado ao longo do desenvolvimento humano. "Semente" que brotará em sua singularidade – dependendo da maneira como for cuidada, poderá (ou não) se tornar árvore frondosa, que dará (ou não) frutos. E, falando sobre incertezas, as crianças ousam mais, pois ainda não conhecem as amarras de não aceitar o novo como novo. Ainda não perderam a inocência de experimentar e de tentar, como nós, adultos, já aprendemos a duras penas. A criança brinca, deseja e cria. Ousa por sua inquietude e talvez por não ter descoberto que o medo ceifa a espontaneidade. Arrisca porque imagina possibilidades de viver o novo tal como ele se apresenta. Também sonha mais...

Na tessitura da sabedoria organísmica infantil e na trajetória dos diálogos propostos por esta obra, espero que o leitor seja capaz de repensar, resgatar e até restaurar a criança que foi. Quem se dá o presente de estar no aqui e agora com ingenuidade, frescor e curiosidade infantil aumenta as chances de se encontrar em sua máxima existencial de ser quem é.

Que possamos, como Gestalt-terapeutas, investir na ampliação de conhecimentos na área infantil, campo do desenvolvimento humano que tanto carece de cuidados.

Que resgatemos a nossa criança...

Que sonhemos mais e não deixemos que ceifem nossos sonhos...

Que possamos acreditar em um mundo com mais esperança...

Maio de 2020

APRESENTAÇÃO

SHEILA ANTONY

ROSANA ZANELLA

Organizamos este livro a fim de dar continuidade à obra *A clínica gestáltica com crianças – Caminhos de crescimento* (2010). O atual livro constitui, pois, uma espécie de volume 2, abordando temas da área infantil com conteúdo teórico, clínico e prático.

Devido à carência de publicações sobre o assunto, decidimos nos engajar em mais uma empreitada em favor da comunidade gestáltica. Por nosso histórico profissional, tanto na rede pública como em atendimentos em consultório e supervisões em turmas de graduação e pós-graduação, acreditamos que onde há doença há também saúde, entendendo que o método para fomentar a saúde seja o acolhimento, a presença do terapeuta e o brincar terapêutico.

A autorregulação e o ajustamento criativo são os conceitos que explicam essa polaridade saúde-doença. O ser humano tem a autorregulação como processo inato que o direciona em busca do equilíbrio, do bem-estar e da harmonia do organismo. Isso ocorre de forma natural quando este identifica a necessidade principal e age para satisfazê-la, realizando ajustamentos criativos no ambiente. Ajustar-se *criativamente* atribui ao indivíduo a condição de ser ativo e responsável por suas escolhas e ações, apoiado em seu modo singular de ser e existir. O ser saudável sabe priorizar suas necessidades; tem um autossuporte que o capacita a reconhecer a necessidade original e manifestá-la, assim como a sustentar sua expressão a despeito da resposta do outro. Quem tem um bom autossuporte tem uma boa autoestima (e vice-versa): assim, não há temor do conflito, da tensão, da diferença. A doença instala-se quando o suporte externo prevalece sobre o autossuporte, ou seja, o sujeito é dependente da opinião alheia – o que implica valorizar mais a necessidade do outro do que a própria. Desse modo, vai perdendo a capacidade de identificar sua necessidade principal, o que perturba a autorregulação, confunde aquilo que é seu e cria um frágil senso de eu e uma desconexão com o corpo e com seus sentidos.

Neste livro, tomamos a liberdade de convidar gestaltistas que, atualmente, fazem parte de nossa vida profissional e se destacam no cenário nacional do atendimento infantil: Claudia Clair P. Tessari, Carla Poppa, Evelyn de Oliveira, Fabiana De Zorzi, Luciana Aguiar, Taís Aparecida Augusto e Virginia Suassuna. Todas escreveram sobre a metodologia que empregam no uso de atividades lúdicas para expandir a *awareness* da criança no processo de compreender seus comportamentos disfuncionais, sintomas e conflitos. Também descreveram como tornaram a família participante ativo no processo terapêutico da criança, confirmando a premissa de que "para a criança mudar é necessário que o campo mude". O terapeuta, portanto, deve incluir os pais no tratamento, posto que a criança, a família e o profissional formam uma unidade subjetiva, em que todos são cocriadores dos fenômenos emocionais e comportamentais que possibilitam a cura, a transformação e a ressignificação dos problemas vividos.

Os capítulos estão recheados de temas interessantes e atuais que abordam certos comportamentos problemáticos, sintomas e transtornos – como o espectro autista, a vergonha, o trauma, a energia agressiva e a raiva –, e traz ainda procedimentos e recursos terapêuticos importantes – construir histórias, desenhos artísticos, experimentos sensoriais – que facilitam a compreensão dos conflitos, ansiedades, medos e fantasias da criança.

Nós, organizadoras, escrevemos sobre as experiências com grupos de crianças, forma de terapia que contempla atendimento em clínica e em instituições, e sobre a enurese noturna e a encoprese, sintomas que revelam conflitos familiares subjacentes relacionados com o drama da dependência/independência vivido entre a criança e seus pais.

Esperamos que os leitores apreciem este livro e que ele se torne fonte de inspiração para novos escritos e para o aprofundamento teórico-clínico da prática profissional e do funcionamento psíquico das crianças.

ESTAR COM A CRIANÇA NA PERSPECTIVA DA GESTALT-TERAPIA

VIRGINIA SUASSUNA

INTRODUÇÃO

De acordo com Perls, Hefferline e Goodman (1997, p. 28), "a Gestalt-terapia é fenomenologia aplicada", em que se localiza a experiência do cliente no aqui e agora. É no aqui (espaço) e agora (tempo) que a criança contata o mundo à sua volta, memórias e expectativas, nos quais, paradoxalmente, passado e futuro coexistem na experiência viva e palpável do presente (Ginger e Ginger, 1995; Perls, 2012; Polster e Polster, 2001).

Na prática terapêutica que envolve a criança, Oaklander (1980) propõe experiências capazes de renovar sua consciência acerca das funções de contato (ver, ouvir, sentir, falar). Trata-se de um modo de apoiar seu desenvolvimento de forma mais organísmica, isto é, orientado por suas reais necessidades de desenvolvimento global, muitas vezes anestesiadas ao longo do processo de desenvolvimento.

Assim, é necessário que o terapeuta se utilize como próprio instrumento, desenvolva uma faceta lúdica e disponibilize ao cliente todo o seu preparo e conhecimento. Como afirma Zinker (2007), é preciso perceber o outro com sensibilidade e elegância, na sua estrutura, ordem e ritmo, com vivacidade no olhar e deslumbre, para que a terapia, as brincadeiras e as fantasias ganhem vida e, assim, as funções de contato se ampliem.

No âmbito terapêutico, as fantasias são encorajadas, pois possibilitam o emergir daquilo que se passa na vida da criança, ajudando-a a expressar sentimentos que, independentemente de terem ou não ocorrido, clamam por compreensão. Desse modo, a psicoterapia objetiva a integração entre realidade e fantasia, como uma grande obra de arte, facilitando o contato consigo e com o mundo, ampliando os recursos criativos da criança (D'Acri, Lima e Orgler, 2007; Perls, 2012; Oaklander, 1980).

As técnicas criativas, expressivas, divertidas e a leitura de livros infantis compõem a essência do trabalho terapêutico com crianças. São como pontes para que encontrem o *self* íntimo e, portanto, tornam-se recursos extremamente poderosos.

Outro recurso do terapeuta consiste em mesclar frustração e simpatia de forma habilidosa, dosando carinho e firmeza. Isso possibilita à criança entrar em contato com suas necessidades e mobilizar-se para desenvolver suas potencialidades no intuito de crescer à medida que aprende a lidar com novas situações (D'Acri, Lima e Orgler, 2007; Perls, 2012; Yontef, 1998).

Quanto ao diagnóstico, é fundamental a atenção especial, uma vez que as crianças vivenciam constantes alterações físicas, psicológicas e relacionais. Suas fases de desenvolvimento são acompanhadas de alterações da sintomatologia infantil que repercutem em suas ações e reações a fatos ambientais e biológicos. Aguiar (2014) acrescenta que uma investigação diagnóstica com crianças deve considerar as diversas informações a respeito da dinâmica familiar, por ser este o principal campo experiencial do infante. O trabalho com a família pode envolver "quatro níveis diferenciados e complementares de intervenção: informação, orientação, sensibilização e facilitação da comunicação entre seus membros" (*ibidem*, p. 198).

O CONTATO COM A CRIANÇA E SUA FAMÍLIA

Abri a porta da sala e avistei uma criança de 8 anos de idade, cabelos loiros, sentada com a cabeça entre as pernas, aparentemente alheia ao que acontecia ao seu redor. Ao mesmo tempo, percebi vindo ao meu encontro a mãe, uma mulher jovem e sorridente, que afirmava ter esperado ansiosamente por aquele momento. Agradeci pela confiança e apresentei-me à criança, a quem chamei pelo nome e procurei acolher da melhor forma possível, aproximando-me vagarosamente e perguntando se gostaria de entrar comigo no meu consultório. No entanto, apesar do cuidado nessa aproximação inicial, ela apenas balançou a cabeça negativamente.

Em situações assim, é comum que o Gestalt-terapeuta depare com uma dúvida: o que fazer? É preciso, em primeiro lugar, reconhecer que algo já está sendo feito e acreditar que apenas será possível apreender a experiência do outro se ouvirmos o que ele diz, prestando atenção à forma como diz, ou seja, devemos estar atentos ao seu discurso, inclusive ao não verbal, para desvelar o que se encontra oculto.

Então, naquele momento no consultório, fazia-se necessária uma atitude que possibilitasse o aparecimento do fenômeno em sua originalidade – afinal, a Gestalt-terapia, metodologicamente, é uma abordagem fenomenológico-existencial, de modo que sua prática se baseia, entre outros aspectos, na vivência, na compreensão e na não teorização durante o vivido (Yontef, 1998).

Tentando "ouvir" o que a criança estava "dizendo", respeitando os princípios fenomenológicos de permanecer atenta ao que se mostrava e como se mostrava, o que se apresentou para mim, naquele momento, foi a possibilidade de solicitar-lhe permissão para sentar-me ao seu lado, o que foi consentido com um movimento positivo de cabeça. Pedi-lhe que aguardasse, pois conduziria sua mãe ao consultório, a quem expliquei minha intenção de compreender o que estava acontecendo do ponto de vista da sua filha e disse que retornaria em seguida para conversarmos. Aproveitei para entregar-lhe um livro e pedir que o lesse durante o atendimento à criança, o qual aconteceria, inicialmente, na sala de espera da clínica.

O livro supracitado, de Suassuna e Mendonça (2018), aborda os objetivos da psicoterapia infantil e enfatiza o contrato terapêutico oferecendo aos pais e/ou responsáveis a possibilidade de, objetivamente, eleger em ordem decrescente os sintomas e os comportamentos por eles considerados problemáticos no desenvolvimento da criança, os quais justificariam a busca do processo terapêutico. Importante salientar que essa mesma atividade também pode ser oferecida a crianças – dependendo da idade, de como chegam ao consultório e da forma como se comportam na sala de espera. Na verdade, observo seu comportamento e, ao mesmo tempo, questiono sua preferência: brincar ou falar sobre o que está fazendo ali.

O atendimento em questão se configurava como um convite para que o terapeuta se ajustasse criativamente à situação abrindo mão do papel de detetive, pois enfatizar essa postura frequentemente conduz ao "ver através" e ao desmascaramento do que pode impedir o profissional de perceber a dialética do que se mostra e do que se esconde, e a relação entre ambos, como enfatiza Hycner (1995).

Era preciso não confrontar aquela criança, mas compreender seu modo singular de existir, da forma como ela se mostrava naquele contexto. Nesse sentido, entender o contexto da existência da pessoa favorece o surgimento daquele comportamento como figura. Um aspecto fundamental da metodologia da Gestalt-terapia é a manifestação dessa perspectiva existencial de relacionamento, que se origina do contato, por meio do qual as pessoas crescem e se tornam seres singulares (Yontef, 1998).

Depois de acolher a mãe, voltei à sala de espera. Para minha surpresa, a criança estava olhando em direção à porta que conduzia ao consultório. Sorri para ela e disse: "Sua mãe está lá dentro fazendo uma tarefinha para mim. Posso me sentar ao seu lado?" De pronto, ela assentiu com a cabeça e se reposicionou no sofá para que me sentasse ao seu lado. Agradeci e permaneci em silêncio. Lembrei-me de que, para ouvir, não basta ter ouvidos, é preciso parar de ter boca, conforme salienta Alves (1999).

Confesso que minutos pareceram uma eternidade, mas o que é a eternidade senão o modo como eu vivo o tempo? O que fazer? O óbvio, escutar o silêncio. E nele eu ouvia: "Você pode ficar ao meu lado e isso é tudo que posso lhe oferecer agora". Ao escutar seu silêncio, agradeci em pensamento e imaginei que dizer algo poderia interromper de modo brusco o fluxo do que estava se passando nos pensamentos e sentimentos daquela criança.

Lembrei-me da forma como Hycner (1995) se refere à sabedoria da resistência. Para esse autor, a resistência é um comunicado do medo de assumir riscos que provavelmente não encontraram suporte em experiências anteriores. Metaforicamente, refere-se a ela sempre como um muro com dois lados. Do ponto de vista externo, a pessoa parece estar fechada; do ponto de vista subjetivo, encerra feridas antigas e sensíveis.

Assim, no meu atendimento, do lado externo, deparava com uma criança que não se manifestava verbalmente, mas me permitia estar ao seu lado fisicamente; do lado subjetivo, apenas ela poderia descrever o que estava pensando e sentindo. A resistência, segundo Hycner (1995), pode ser uma expressão profunda a respeito de uma necessidade da pessoa; é a forma como ela sabe cuidar de si mesma. Era preciso muita cautela naquele momento, pois o terapeuta caminhava por uma vereda estreita entre a objetividade e subjetividade.

Segundo Oaklander (1980) e Zinker (2007), o terapeuta, artisticamente, utiliza seu preparo, seu conhecimento e sua experiência com um sentido intuitivo, criativo e fluido, a fim de proporcionar um espaço fecundo e condições para que ele e o cliente ampliem os contatos consigo mesmo e com o outro. Sentia, em mim, meus batimentos cardíacos e lembrei-me de que "a gente ama não é a pessoa que fala bonito. É a pessoa que escuta bonito. A fala só é bonita quando ela nasce de uma longa e silenciosa escuta" (Alves, 1999).

Quanto tempo se passou? Não sei. Apenas o vivi intensamente. Descobri, então, que a sessão começa no local onde o contato pode ser estabelecido. Acolher o outro é encontrá-lo também onde ele se encontra fisicamente – nesse caso, na sala de espera. Espera. Essa palavra chamou minha atenção. O que essa família, o que essa criança "esperavam" de mim? Que expectativas depositavam naquele encontro? Afinal, o que eu mesma esperava de mim?

Essas reflexões fazem parte do processo terapêutico e, na minha perspectiva, precisam nortear, tal qual um GPS emocional, o caminho que se pretende construir no encontro terapêutico. Assim, na mesma hora, as tentações cartesianas me envolveram. E como é importante tê-las em consciência! Para quê? Para evitá-las, pois a vivência das suspensões sobre o que pensamos naquele momento abre espaço para que a intersubjetividade se manifeste.

Isso posto, ative-me a olhar para aquela menina e observei suas mãos inquietas, unhas roídas e os cabelos loiros teimando em esconder o rosto. Permaneci assim por um tempo, comecei a mexer as mãos, baixei a cabeça e mantive o silêncio. Algo já estava acontecendo. Aproximei-me dela do jeito que ela permitia. Respirei fundo e experienciei um sentimento de limitação, o mesmo que poderia fazer parte do mundo daquela criança. Percebi que o ambiente nos convidava a esperar.

Ela subitamente olhou para mim e disse: "Não quero estar aqui. Minha mãe é médica e cuida de todo mundo. Por que não cuida de mim? Tenho muita raiva dela". Uma voz trêmula, mas de tonalidade forte, ressoou na sala. Novamente precisei exercitar a escuta simultânea do que e de como a fala havia sido proferida e, ainda, entender como aquilo tudo afetava minhas fronteiras de contato. Percebi que a menina queria receber cuidados da mãe, não de mim. Confesso que me senti impotente por alguns instantes, por ter feito contato com a minha criança, que também já havia sentido tristeza e raiva por falta de cuidado. Perigo à vista!

Hycner (1995) destaca a necessidade de o terapeuta se manter presente, porém distante, pois, na condição de "curador" ferido, pode deparar com questões existenciais da própria infância, possivelmente ainda não resolvidas. Nesse caso, suas feridas podem sensibilizá-lo e favorecer o encontro ou fragilizá-lo e deixá-lo impotente diante do outro. Assumir uma atitude fenomenológica de suspensão das próprias vivências é, portanto, uma maneira de reconfigurar o contato estabelecido no entre terapêutico – e isso requer vencer a tentação de escutar para responder, uma vez que o objetivo da escuta é a compreensão. Assim, julgar a mãe ou a criança seria como assumir postura inversa à de aceitação, respeito, humildade e empatia. Rotular a experiência dessa criança poderia impedir que eu me aproximasse de sua experiência genuína do que denominava "cuidado" e do seu sentimento de raiva. Eu precisava captar o significado particular, concreto, daquela vontade de ser cuidada por uma mãe que cuidava de todo mundo e do sentimento manifesto com base nessa vivência.

Na perspectiva existencialista da Gestalt-terapia, o homem não é visto como um ser universal, difuso na ideia hegeliana. É um ser particular, concreto, com medidas próprias, que deve ter sua singularidade reconhecida e reverenciada. Trata-se do intérprete mais fiel de si mesmo, ainda que, momentaneamente, tenha perdido sua aptidão para se autogovernar (Ribeiro, 2016). Dessa forma, é preciso compreender que a necessidade de cuidado pode ser experienciada de maneira distinta pela criança e pelo terapeuta, assim como o sentimento de raiva.

Ainda envolta em todas essas inquietações, escutei a criança dizer: "Como ela não sabe cuidar de mim? É médica, e meu pai também. Vivem cuidando dos pacientes deles e da minha irmã. Dizem que ela é boazinha e toda hora dizem que vivo chorando por qualquer coisa". Devagar, fui compreendendo os protagonistas do campo no qual as demandas da criança se tornavam figura. Ela não entendia como os pais, médicos, não sabiam cuidar dela. Estava diante do rótulo de chorona "por qualquer coisa" em contraposição ao da irmã, a "boazinha". Eram diferenças que apareciam entre elas, na percepção dos pais. Todavia, é preciso compreender que o significado do "cuidar", do ser "boazinha" e do "chorona", assim como o sentimento de raiva, deve ser investigado no campo organismo-ambiente.

Interessante observar que o "por qualquer coisa" pode ser compreendido pela criança como algo suficiente para fazê-la chorar. Da mesma forma, o significado das palavras "cuidar", ser "chorona", ser "boazinha" e sentir "raiva" precisa ser compreendido pelo referencial de quem escuta e de quem fala. A consciência de cada indivíduo atribui sentido à realidade que se oferece à nossa observação. Ela busca sua complementação a todo instante e não se engana, embora não capte toda a realidade. Assim, a forma como cada um apreende o fato não está errada, mas é sempre incompleta. Esse é um aspecto fundamental a ser trabalhado na sessão de família. Todos precisam entender que, embora em suas próprias percepções estejam corretos, devem compreender a perspectiva do outro.

Para Buber (1979), é necessário desvendar o sentido existencial da palavra que, pela intencionalidade que a anima, constitui o princípio ontológico do homem como ser dialogal e "diapessoal". Apenas o "entre" permitirá, como chave epistemológica, abordar o homem na sua dialogicidade; e apenas no encontro dialógico é que se revela a totalidade do homem.

A existência, segundo Ribeiro (2016), não é apenas função de tempo, mas de campos, de modo que apenas é compreensível ao outro se este for visto nos vários campos que compõem seu espaço vital, do qual emana a compreensão do mundo como realidade relacional. Essa equação cartesiana, que tenta medir as razões pelas quais as pessoas sentem e se comportam de determinada maneira, remete-nos ao conceito de intencionalidade da fenomenologia.

O resgate de tal conceito é fundamentalmente importante para que possamos compreender que, se a consciência é sempre consciência de alguma coisa, ela só é consciência quando voltada para um objeto; de outro lado, o objeto só pode ser definido em relação à consciência. Esta, por sua vez, é sempre dinâmica, relacional, voltada para o mundo e sempre visando ao mundo por meio do processo da intencionalidade.

O sentido e o significado atribuídos às coisas resultam, naturalmente, do encontro entre consciência e realidade. A intencionalidade, ou seja, o atribuir sentido e significado às coisas, é uma consequência natural desse encontro entre consciência e realidade, visto que é onde o significado das coisas se faz presente. Assim, a realidade da pessoa é antes de tudo subjetiva: pessoa e existência devem ser concebidas como uma totalidade (Ribeiro, 2016; Bello, 2006).

Dessa forma, quando outros comportamentos se mostram – por exemplo, o "choro" –, desvelam-se de forma diferente para a consciência da filha, da mãe, do pai e da irmã. O significado de "chorar" muda, portanto, de acordo com a pessoa para quem ele se mostra.

O interessante é que o terapeuta, dotado de sua intencionalidade, também não fica isento de atribuir sentido às coisas e aos fatos que se desvelam no encontro terapêutico. Logo, é preciso estar metodologicamente afinado com a atitude fenomenológica de praticar a redução fenomenológica ou *epoché*, que consiste em pôr entre parênteses a realidade do senso comum no intuito de captar a essência ou o sentido do que se manifesta.

Segundo Merleau-Ponty (1999, p. 18),

> o mundo fenomenológico é não o ser puro, mas o sentido que transparece na intersecção de minhas experiências, e na intersecção de minhas experiências com aquelas do outro, pela engrenagem de umas nas outras; ele é, portanto, inseparável da subjetividade e da intersubjetividade que formam sua unidade pela retomada de minhas experiências passadas em minhas experiências presentes, da experiência do outro na minha.

Assim, o feito mais importante da fenomenologia foi, sem dúvida, unir o extremo subjetivismo ao extremo objetivismo em sua noção do mundo ou da racionalidade. O desafio do terapeuta reside em buscar desvelar a essência do mundo, que é diferente de buscar aquilo que ele é em ideia, uma vez que o tenhamos reduzido a tema de discurso. Trata-se de buscar aquilo que, de fato, ele é para nós antes de qualquer tematização, uma vez que, segundo Merleau-Ponty (1999, p. 13-14), o mundo é aquilo que nós percebemos; não é "aquilo que eu penso, mas aquilo que eu vivo; eu estou aberto ao mundo, comunico-me indubitavelmente com ele, mas não o possuo, ele é inesgotável".

Voltando ao recorte da sessão, fiz o seguinte comentário: "Parece que eles não estão sabendo mesmo cuidar de você e, além disso, comparam-na com sua irmã, por isso a trouxeram aqui". Ela respondeu: "Então, estou com muita raiva de estar aqui". E eu confirmei: "Com certeza! Dá raiva mesmo ver os pais cuidando de todo mundo, chamar você de chorona e sua irmã de boazinha".

Por instantes, a menina ficou em silêncio e disse: "Você é médica também, né? Pode cuidar deles?" Sorri e acrescentei: "Sou uma médica que cuida dos sentimentos das pessoas, por isso me chamam de psicóloga. E percebi que você tem um sentimento de raiva de estar aqui". E ela completou: "E de os meus pais não saberem cuidar de mim".

Aproveitei esse momento e lancei mão dos recursos citados no livro entregue havia pouco para sua mãe. Ele abordava também como o psicólogo cuida das pessoas, que recursos utiliza, como as sessões acontecem e o que se espera delas. No livro, a criança elege, em ordem decrescente e com base em uma série de sentimentos e comportamentos sugeridos, aqueles que, em sua opinião, podem justificar sua ida a um profissional de psicologia (Suassuna e Mendonça, 2018). Assim, por meio do livro, ela compreendeu o que eu poderia oferecer-lhe, bem como aos seus pais, identificou que a raiva era um sentimento que levava as crianças à terapia e percebeu que todos estariam sendo cuidados por mim e como eu poderia fazer isso.

Em seguida, perguntou: "É esse livro que ela está lendo lá dentro?" Respondi que sim e, decorridos alguns minutos, notei lágrimas em seu rosto. Permaneci em silêncio, até que ela disse: "Sabe, eu vim natural e minha irmã, não. Eles dizem que eu sou igual ao meu pai e ela, igual à minha mãe. Queria ser igual à minha mãe". Novamente percebi que as diferenças entre as irmãs se faziam presentes: "Dá raiva mesmo ser diferente. Ser filha natural, chorona e parecer com o pai e não com a mãe".

O tamanho da resposta é um aspecto importante: recomenda-se formular uma resposta breve para que o maior espaço seja do outro. E assim aconteceu: "Sim. Eles vivem falando que fizeram tratamento para ela nascer e eu, depois de um tempo, apareci naturalmente, sem tratamento, e eu fico com raiva. Eles tiveram de cuidar muito dela para ela nascer e de mim não. Ela é mais bonita e boazinha".

Senti, naquele momento, uma mobilização intensa dentro de mim. Percebi que a falta de cuidado à qual ela se referia estava relacionada com o fato de não ter sido consequência de uma reprodução assistida, tal como a irmã, e isso representava a primeira diferença vivida entre ambas. Vivenciei, na prática, o que se denomina inclusão na Gestalt-terapia. Pude me aproximar de modo diferente da sua experiência e compreender sua forma de ser e estar ali comigo. Ela estava pedindo, desesperadamente, para ser cuidada pelos pais, na esperança de assim se sentir incluída com sua diferença na família. Afirmei: "Você apareceu. Não fizeram um tratamento para você nascer e isso dá muita raiva e você se sente diferente da sua irmã".

Teoricamente, confirmar o outro significa fazer um grande esforço de se voltar para ele e afirmar sua existência singular e separada, sua alteridade. Para Cardella (2002), a confirmação incondicional recebida na infância é essencial para que o indivíduo desenvolva amor-próprio e seja capaz de se sustentar.

Após meu comentário, ela desabafou: "Isso mesmo, e eles nunca quiseram cuidar de mim, nem agora. Dizem que sou diferente dela em tudo". Questionei-lhe: "Como você gostaria que eles cuidassem?" Como Gestalt-terapeuta, buscava, naquele momento, compreender de que forma a consciência daquela criança intencionava o "cuidar". Relevante afirmar como é importante que o terapeuta tenha em mente que o que existe e o que é real é aquilo que é experienciado, vivido, porque, conforme afirma Struchiner (2007), todas as coisas são percebidas de um ponto de vista subjetivo.

Naquele instante, prevaleceu o silêncio. Parecia que uma história se passava na cabecinha daquela criança, até que ela desabafou: "Eu já falei pra eles e não adiantou". De repente, dei-me conta do tempo e disse: "Você já fez sua parte, falou com eles e não foi escutada. Acho que posso ajudá-los a escutá-la, que tal?" E ela: "Como assim?" Respondi: "Você pode falar o que já disse a eles na minha frente e eu vou poder cuidar deles, não foi isso que me perguntou se eu faria? Eu tenho um cotonete lá dentro, para limpar os ouvidos dos pais. O que acha?" Ela sorriu com a metáfora e se entusiasmou: "Acho uma boa ideia!"

Quando crianças estão em uma situação difícil, farão qualquer coisa para cuidar de si. O problema é que elas realmente não sabem como fazer isso, e por vezes adotam comportamentos destrutivos – os quais são, na verdade, buscas fanáticas do *self* perdido (Oaklander, 1980).

A maneira como a criança tenta se autorregular e satisfazer suas necessidades – nesse caso, chorando e manifestando a raiva – é a forma que ela encontra de sentir o *self* e, consequentemente, experienciar algum poder. É o modo que, com frequência e paradoxalmente, origina os mesmos comportamentos que a trazem para a terapia.

Em seguida, sugeri que ela entrasse no consultório, dizendo que seria rapidinho, pois teríamos pouco tempo. Ela concordou e fomos ao encontro da mãe, que se mostrou feliz aos nos ver: "Que bom que você conseguiu entrar, filha!" Afirmei: "Muito bom mesmo, mas quero lhe dizer que temos novidade para você". Sorrindo, a menina disse: "Ela vai limpar seus ouvidos e os do meu pai. Ela tem um cotonete que faz isso. Parem de me chamar de chorona. Isso me dá raiva. Ela disse que tem um cotonete para limpar os ouvidos de vocês". A mãe nos olhou surpresa e, óbvio, sem compreender o que estava acontecendo. Percebi que ela estava com o livro nas mãos, comentei que também havia mostrado um exemplar do livro para a filha e que estava interessada em saber se ela tinha escutado o que a menina havia lhe dito. Ela acenou positivamente com a cabeça: "Ela já me disse, mas não entendo. Até assinalei aqui no livro a raiva que ela demonstra de tudo e quanto ela chora". A filha rebateu: "Não falei? Ela não me entende. Não sabe cuidar de mim e por isso me traz aqui". Ciente de que o momento de oferecer uma resposta depende, também, da nossa disponibilidade de tempo, disse: "Por isso estamos aqui. Cada uma está vendo a mesma situação de seu ponto de vista. Isso acontece mesmo. Precisamos compreender o ponto de vista de cada uma a partir do que cada uma vivencia no seu contexto diário. Aprender a conviver com as diferenças faz parte do processo terapêutico".

Para justificar teoricamente minha posição, respaldo-me em Struchiner (2007), o qual afirma que a fenomenologia nos convida a trilhar um caminho de volta, um retorno. É um voltar às coisas mesmas, para citar a tão famosa expressão husserliana, uma vez que a fenomenologia é "o caminho de volta às coisas mesmas, ao mundo da experiência vivida ou *Lebenswelt"* (*ibidem*, p. 2-3).

Preocupada com a compreensão da criança a respeito do que conversávamos, investiguei: "Você entende o que estamos dizendo?" E, para minha alegria, ela afirmou: "Claro, você tem cotonetes mágicos e eles vão me ouvir". Aproveitei e sugeri: "Sim. E, como cotonetes mágicos, tenho essa tarefinha de casa para oferecer a vocês. Esse segundo livro, o *Segredo da convivência*, traz algumas dicas para compreender melhor os sentimentos de cada um, reconhecer as diferenças e valorizá-las". O livro apresenta um diálogo entre a família dos ingredientes de um bolo, no qual, inicialmente, falam mal um do outro e, depois, reconhecem as necessidades de todos para que o bolo fique pronto a tempo para a festa de aniversário do protagonista. Com essa metáfora, esperava que compreendessem, por exemplo, os motivos que faziam a manteiga "derreter de tanto chorar" e a responsabilidade de cada um dos ingredientes na receita (Suassuna e Mendonça, 2018). Expliquei-lhes que o livro propunha atividades superinteressantes e perguntei: "O que acham de ler o livro e fazer o bolo em família? Acredito que esses são os cotonetes psicológicos que posso, por enquanto, oferecer a vocês". Depois de ouvir minha proposta, a mãe sorriu e pareceu entusiasmada: "Que bom, filha, ela já está ajudando a gente. Vamos tentar ler e fazer o bolo, doutora". A menina completou: "Já que você não sabe me ajudar, né, mãe?" Dirigindo-se a mim, a mãe argumentou: "Está ouvindo o tom? Não é de raiva?" E a menina questionou: "E não posso sentir raiva, não?"

Perls (1977) enfatiza a possibilidade de oferecer ao cliente "tarefas de casa" como recurso terapêutico. Trata-se, segundo ele, de uma aplicação sistemática da técnica de conscientização.

Novamente, o conceito de intencionalidade da consciência se faz visível. A intencionalidade é, em essência, o ato de atribuir um sentido; ela unifica a consciência e o objeto, o sujeito e o mundo. Com a intencionalidade, há o reconhecimento de que o mundo não é pura exterioridade e o sujeito não é pura interioridade (Ribeiro, 2016).

Mãe e filha comunicavam-se da forma como percebiam o sentimento de raiva ali presente, o qual também foi apreendido pela terapeuta. Entretanto, a raiva evidenciava-se para cada uma de acordo com sua perspectiva individual. Eis aqui a beleza do encontro terapêutico: a oportunidade de cada pessoa comunicar a outra sua forma singular de ser e estar no mundo. Assim, no atendimento infantil, pais e filhos podem ter *awareness* acerca da intencionalidade de cada um ali presente. E, como salientam Oaklander, (1980), Aguiar (2014) e Antony (2010), a tomada de consciência dos pais gera sentimentos de valor pessoal na criança, sustentando suas habilidades de experienciar o mundo e de lidar com ele com novas possibilidades.

Segundo a abordagem dialógica, a psicopatologia pode ser compreendida como um diálogo abortado. "É um resíduo de uma tentativa de diálogo que não obteve resposta" (Hycner, 1995, p. 128). Nesse sentido, o comportamento considerado patológico seria, na verdade, um pedido desesperado de resposta do mundo, de alguém que necessita de um "ouvido" capaz de traduzir este pedido em uma linguagem compreensível (Suassuna, 2002).

Assim, fundamentada teoricamente nos pressupostos da Gestalt-terapia, afirmei: "Que bom que você pode mostrar sua raiva para sua mãe. Isso é muito importante, mas compreendo, mãe, que é difícil não saber o que fazer com esse sentimento. O mesmo deve estar acontecendo com seu marido e sua outra filha. Por isso convido todos a estarem aqui.

Vocês concordam?" E elas balançaram a cabeça afirmativamente. Agradeci pela confiança e agendamos um horário para a família.

A família, do ponto de vista da Gestalt-terapia, é vista como uma totalidade inserida em outras totalidades e composta por diferentes elementos, que interagem e se afetam mutuamente na tentativa de se autorregular. Dessa forma, assinala Aguiar (2014), o atendimento infantil deve ir além da criança, estendendo-se por todo o contexto familiar. A Gestalt-terapia pretende favorecer a reformulação do sistema perceptivo, de aprendizagem e de solução de problemas que se tornaram obsoletos, gerando a falta de contato com novas possibilidades e a perda de confiança na própria capacidade. O funcionamento não saudável, muitas vezes, é fruto da perda do sentido das próprias possibilidades e da perda de confiança na própria capacidade (Ribeiro, 2016).

Vale enfatizar que, em um encontro verdadeiro, mudanças costumam ocorrer nas pessoas envolvidas, sobretudo no que se refere a seus valores, atitudes, pensamentos e ações (Feldman, 2006). Nesse caso, incluir a família possibilitava que eu trabalhasse como cada um intencionava o choro e a expressão de raiva dessa criança. Precisava descobrir como os pais escutavam e lidavam com o que a filha buscava expressar por meio desses comportamentos. Em geral, os pais interrompem as expressões de sentimentos da criança por dificuldades de lidar com as próprias emoções – ou, ainda, por compreendê-las como uma ameaça à sua autoridade.

Na minha experiência com atendimento infantil, solicito o comparecimento dos pais em todas as sessões e, na hora, decidimos se eles entrarão ou não no consultório. Na maioria das vezes, entram no final e, na medida do possível, compartilhamos o que experienciamos no encontro e ouvimos o que eles, porventura, queiram compartilhar conosco. Minha justificativa para isso baseia-se na necessidade de envolvê-los no processo, pois tudo que está sendo conversado com a criança ocorre no campo existencial do qual eles fazem parte. Em algumas sessões, eles permanecem os 50 minutos, mas isso depende da demanda da criança e do andamento do processo terapêutico.

Ao final da sessão, respirei aliviada. Aquela criança conseguia expressar sua raiva por não ter sido "filha" de um tratamento para a mãe engravidar, tal como a irmã, e por sucessivamente conviver com as diferenças entre ambas. O "ter aparecido", como afirmava a criança, era por ela compreendido como se não tivesse sido planejada e desejada, mas sim, fruto de um "descuido". Acrescia-se a isso o fato de não ser parecida com a mãe.

Entretanto, o que chamou minha atenção foi ela não ter assimilado o que lhe era oferecido como cuidado e insistir em expressar sua raiva. Tal percepção me conduziu ao pensamento de Perls (1977) sobre termos consciência de que o indivíduo que responde aos "deverias" está atuando em um papel que não é apoiado nas potencialidades genuínas, tornando-se falso, construindo um ideal imaginário de como "deveria" ser e não de como realmente é. Por conseguinte, Friedman (1985) afirma que a negação das verdadeiras potencialidades acontece porque o indivíduo está em busca de adquirir um falso *self* para se adaptar às realidades vivenciadas.

No caso dessa menina, eu percebia que ela estava em luta constante consigo mesma e com o seu contexto, na tentativa de ser confirmada e reconhecida como singular, de modo que somente quando ela descobrisse e vivesse essa singularidade seria capaz de se abrir a mudanças. Nessa primeira sessão, inclusive, emocionou-me sua decisão de participar do processo terapêutico, apesar de inicialmente ter se mostrado contrária.

No encontro seguinte, outras questões também me inquietaram. Assim explico: Perls (2012) afirma que é a organização de fatos, percepções, comportamentos ou fenômenos, e não os aspectos individuais de que são compostas, que define as pessoas e lhes confere um significado particular. O homem organiza sua percepção como um todo significativo, de modo que um elemento selecionado entre os muitos presentes se sobressai, tornando-se figura, enquanto os demais ficam em segundo plano, como fundo, embora sejam intercambiáveis. Uma criança aprende logo cedo a se proteger das falsas esperanças de gratificação, alegria, tranquilidade. Ela simplesmente se fecha e esconde do seu ambiente as respostas emocionais naturais e espontâneas. Todavia, no caso aqui apresentado, a criança ainda conseguia se autorregular expressando raiva e chorando.

Qual foi o meu "fazer" até esse momento? Percebi que estivera aberta e presente, tanto quanto foi possível, para descrever, inclusive para mim mesma, o que estava acontecendo o tempo todo. Percebi que, sem dúvida, considerava o fenômeno observado em relação ao organismo um todo e na situação em que se manifestava. Acreditava que essa era a melhor forma de aquela criança se expressar naquele momento. Tentava compreender a relação existente entre a figura (o sintoma) e o fundo, pois, indiscutivelmente, este atribui sentido à figura. Compreendia que os padrões objetivos são definidos mediante vivências subjetivas, e que representam apenas um modo de compreensão intersubjetivo da realidade. E era isso que a família precisava compreender. Para mim, o trabalho terapêutico se resume a *apenas isso* e *a tudo isso*.

Precisava também compreender o sentido que emergia da intersecção das minhas experiências com aquelas vivenciadas no encontro com a criança e a mãe. Mantive-me atenta para elaborar meu próprio diagnóstico. Afinal, o que daquela criança e daquela mãe habitavam em mim? O que me motivava a trabalhar com elas? Que pensamentos, sentimentos, sensações elas me provocavam? De que conteúdos eu teria de me esvaziar? Como separar o joio (aquilo que é secundário) do trigo e recolher o trigo, que é o verdadeiro núcleo em meio às palavras escutadas?

Isso posto, afirmo ser necessário que o terapeuta colabore para que todos os envolvidos no processo, inclusive ele mesmo, se olhem e se revejam sem subterfúgios, correndo o risco das evidências. Toda psicoterapia deverá ser radical e chegar às raízes, sair da coisa em si e ir ao "em si" das coisas, sair do sintoma e encontrar o processo, a fim de descobrir as infinitas possibilidades que habitam cada ser humano (Ribeiro, 2016).

Na segunda sessão, a criança veio novamente acompanhada pelos pais, mas sem a irmã. Sorriu para mim e disse que não queria que ela viesse. Afirmei que isso me parecia uma boa escolha, pois ela sabia o que queria e isso era muito importante. Apresentei-me ao pai, a quem agradeci pela confiança. Ele também se apresentou e me contou que tinham lido os dois livros sugeridos e compreendido um pouco o objetivo do processo terapêutico. Segundo ele, durante a atividade de se identificarem com os ingredientes do bolo, reconheceu-se mais como o fermento – o que "se acha" por fazer o bolo crescer –, as meninas como a manteiga e o açúcar e a mãe como a farinha de trigo. Riram da brincadeira e disseram ter sido engraçada essa identificação, mas alegaram falta de tempo para trazer por escrito essa atividade.

Segundo a mãe, outras atividades do livro também foram realizadas, inclusive a que consistia em preencher uma tabelinha para identificar diferenças e semelhanças entre todos os elementos da família. Nesse momento, a criança se expressou: "Eu descobri que sou igual a minha mãe porque somos a segunda filha. Ela também nasceu depois da minha tia". "Sou igual ao meu pai, por ser pontual, e diferente dele porque não gosto de comer verduras. Diferente da minha irmã porque não nasci como ela, mas igual porque gostamos de ir para a escola."

Agradeci pela leitura e pelo interesse diante das atividades propostas e disse: "Que interessante. Somos como os ingredientes diferentes do bolo, cada qual com suas características e importância para formarmos uma família. Sempre temos aspectos parecidos e diferentes quando nos comparamos com as outras pessoas".

Percebi que algumas mudanças já haviam ocorrido. A terapia não acontece apenas durante os 50 minutos da sessão. Ela precisa ir além das quatro paredes do consultório. Ocorre no cotidiano.

Questionados sobre quem gostaria de entrar no meu consultório daquela vez, a criança logo respondeu: "Você disse que ia cuidar de todos". Afirmei: "Sim; e então?" Ela respondeu: "Mas eu vou entrar sozinha porque quero fazer um desenho para você". Concordei e disse que chamaria o pai e a mãe em aproximadamente 20 minutos. Precisava controlar o tempo. A menina e eu fomos ao consultório; ela entrou, olhou a sala detalhadamente e foi direto para uma casinha de bonecas. Imediatamente, sem nada dizer, pegou um bebê e colocou no berço que ficava no quarto dos pais. Em seguida, colocou outra boneca em um quarto mais afastado.

Eu precisava ficar atenta ao que estava acontecendo. Era necessário, como afirma Cancello (1991), criar o âmbito para "curar", ou seja, os estereótipos culturais deviam ser deixados em suspensão para que o fenômeno pudesse (re)aparecer à luz do sentido próprio de cada vida.

Essa experiência de relacionamento humano, o *pro-curar* junto com o outro, não se reduz a solucionar um problema ou eliminar um sintoma. Assim, agachei-me silenciosamente para observar os movimentos da criança e escutar sua fala, enquanto ela conversava com o bebê colocado no berço: "Você pode ficar no quarto deles e eu não. Eles queriam muito você e eu cheguei de repente. Por isso, fico chorando e com raiva".

Para compreender fenomenologicamente o que se mostrava, era necessário considerar que essa forma de expressão da criança era a maneira como ela intencionava atribuir significado ao seu mundo vivido. Assim, ela aproveitou o espaço lúdico da casa para me mostrar como se sentia. Depois de um silêncio, eu disse baixinho: "Compreendo seu choro e sua raiva". Ela balançou a cabeça vagarosamente, dirigiu-se aos dois bonecos e disse que eram os seus avós, agora colocados sentados na mesa da sala de jantar da casinha de bonecas: "Eles gostam de mim. Não me chamam de chorona". Eu falei: "Seus avós gostam de você..." E quando completaria a frase, ela afirmou: "E meus pais, não. Tenho raiva por causa disso". Afirmei: "Dá raiva mesmo, sentir que os pais não compreendem o nosso choro. Seus avós..." Ela me interrompeu novamente e prosseguiu: "Muita raiva. Eles falam que sofreram muito para ela nascer. Eles dizem que nem esperavam que eu viesse..." Naquele instante, começou a chorar. Todo comportamento é governado pela homeostase, também denominada autorregulação, processo pelo qual o organismo interage com o meio, satisfaz suas necessidades para restaurar o equilíbrio.

A fala é como uma canção: tem letra e música. A letra é o que é dito – no caso, o sentimento de raiva –, mas a música se refere à forma como esse sentimento é expresso – nesse caso, o choro. Assim, era preciso manter a atmosfera "permissiva", ou seja, acolher o choro, mas não dizer nada, pois todas as expressões da criança são tentativas de cuidar do seu *self* e, em algumas situações, apenas o que ela sabe fazer é chorar. Era sua forma de se autorregular naquele momento.

A psicoterapia pretende ser, numa formulação ideal, um hiato decisivo no *continuum* das crenças e pressões sociais. Então, era preciso acolher os sentidos que a criança, naquele momento, imprimia à sua existência e ao seu sentimento de raiva, para que ela aprendesse a construir outros eixos de expressão, outras possibilidades de autorregulação. O choro, para ela, era uma forma de demonstrar a raiva, a qual não é facilmente expressa pelas crianças, já que sua expressão pode ocasionar rejeição, punições e outras consequências indesejáveis.

Fiquei agradecida por participar daquela expressão de emoção. Percebia que ela mobilizava toda a sua força para cuidar de si e, provavelmente, havia superado o mito de não poder sentir raiva e muito menos chorar. Infelizmente, as crianças aprendem desde cedo que não devem sentir raiva e, quando a sentem, acreditam ser errado vivenciar esse sentimento (Oaklander, 1980).

Percebi estar diante de uma criança que preferiu arriscar a possibilidade da não aceitação em vez de reprimir seus sentimentos. Na verdade, poucas agem dessa forma, temerosas de não poderem mais contar com os pais para satisfazer necessidades que, sozinhas, ainda não conseguem suprir.

Perls (1977) enfatiza que o organismo não é autossuficiente e necessita de contato com o meio para sobreviver. Nesse sentido, o medo de ser destruída pelo meio ou de destruí-lo pode fazer que a criança adote, como possível "saída", a retroflexão disfuncional, que consiste em voltar a energia para si e visivelmente para o corpo. No caso da menina, era nítido que ela optava por expressar suas emoções e, para mim, esse era o bom caminho que havia escolhido.

O que fazer nesse momento? Novamente, é fundamental que o Gestalt-terapeuta, ao escolher as atitudes a ser tomadas, esteja alicerçado nos pressupostos filosóficos e teóricos dessa perspectiva e no encontro de sua subjetividade com a do cliente. Assim, para manter o fluxo das expressões emocionais da criança, assumi uma postura fenomenológica de descrever o fenômeno que se evidenciava. Bem baixinho, sussurrei: "Chorar é uma forma de mostrar sua raiva". E ela me respondeu: "É, sim. Eu sinto muito raiva deles e da minha irmã".

Na minha perspectiva, aceitar e confirmar aquele sentimento significava encorajar a criança à autoaceitação. Muitas vezes, em virtude da necessidade existencial de confirmação, o indivíduo desenvolve "falsos *selves*". Nesse sentido, se não há confirmação por ser aquilo que é, a pessoa se esforçará para obter qualquer coisa semelhante. Isto é, tentará obtê-la mostrando-se da maneira como o outro deseja vê-la (Hycner, 1995).

De acordo com Ribeiro (2016), eis o papel do terapeuta: cuidar do cliente para que ele possa se "curar", e não necessariamente ser aquele que cura.

Outro aspecto importante foi assinalado por Miller (1995), ao enfatizar que o amor que nos aproxima do outro tende a borrar as diferenças entre duas pessoas e criar uma experiência emocional de dois "eus", fundindo-se em um só. Dessa forma, era preciso que eu também confiasse no que estava sentindo. Era simplesmente e tudo isto: amor por aquela criança. Confiar pode ser compreendido como "ficar com", e assim me coloquei: "Eu também fico com raiva quando sinto que não gostam de mim, e também choro".

A criança passou a chorar mais intensamente e eu permaneci em silêncio por alguns instantes, até que ouvi: "Eu queria gritar e falar tudo isso para eles". Respondi: "Você pode fazer isso agora se quiser. Podemos chamar seus pais". A criança balançou negativamente a cabeça e, após um longo silêncio, questionei: "O que quer fazer agora com sua raiva?" Ela olhou para a mesa onde estavam os lápis de cor e as folhas em branco e disse: "Quero desenhar minha raiva". Eu me manifestei: "Também vou desenhar a minha".

No momento seguinte ela se levantou e dirigiu-se até a mesinha. Desenhou um coração todo preto (a cor da raiva) chorando; outro vermelho (a cor do amor), o qual era da irmã, repleto de amor. Fiquei muito sensibilizada ao ver aqueles desenhos tão significativos, mas permaneci em silêncio. Aproveitei para escolher e rabiscar o meu coração, que também ficava com raiva quando eu não me sentia amada. Igualmente, ficamos por algum tempo envoltas em muitas emoções. Senti gratidão por experienciar a força da minha presença, momentos de inclusão, confirmação e de Eu-Tu.

O tempo parecia voar e eu precisava assumir novas escolhas, afinal elas fazem parte do "fazer" do terapeuta. A casinha e as bonecas no quarto haviam se tornado fundo e os desenhos, figura. Mesmo assim, optei por perguntar à criança: "Nossos desenhos parecem que ficaram prontos. Temos pouco tempo para ficar juntas agora. Podemos escolher mostrar esses desenhos para seus pais, se tiver interesse, ou mostrar como você colocou as pessoas da sua família na casinha de bonecas". De pronto, ela respondeu: "Quero mostrar os desenhos!" Aproveitei sua resposta para ampliar o suporte e afirmei: "Os adultos sentem raiva também e têm a cor preta no coração, muitas vezes com lágrimas. Seus pais, assim como eu, podem sentir". Ela levantou a cabeça afirmativamente. Aproveitei para perguntar: "O que você acha de pedir para eles desenharem a raiva deles, já que desenhamos a nossa?" Ela sorriu e concordou.

Em todos os atendimentos enfatizo que, independentemente de quem esteja falando, as pessoas sempre falam de seu ponto de vista. Aqui fica claro o conceito de intencionalidade da consciência. Aliás, só podemos falar sobre algo de acordo com o nosso ponto de vista. Assim, o pai terá sua perspectiva, a mãe, sua visão, os professores, sua percepção e a criança, sua forma de compreender o que vive. O lugar em que se está determina o que se vê. Ofereço suporte para a criança se expressar, afirmando que ali ela acaba de encontrar um espaço seguro para falar sobre o que está sentindo. Prometo que farei o meu melhor para traduzir para sua família o que está acontecendo com ela, pois também sou adulta e estudei para isso. Na condição de psicóloga, afirmo sempre que vamos tentar respeitar suas opiniões e fazer o possível para nos aproximarmos do que ela sente.

AFINAL, O QUE SE ESPERA DE UM GESTALT-TERAPEUTA, SENÃO COLOCAR-SE A SERVIÇO DO DIALÓGICO?

É preciso se perguntar a serviço de quem o terapeuta se encontra. Será que ele vai impedir o vir a ser da criança para servir às expectativas da família? A individualidade do terapeuta, sua criança interna e suas relações com seus familiares precisam se render ao serviço do "entre". No meu entendimento, o terapeuta deve estar a serviço do contexto familiar como um todo, sem desequilibrar o sistema, ou seja, sem tomar partido de nenhum dos clientes envolvidos. Para tanto, é indispensável o uso das ferramentas fenomenológicas, como a descrição do que se mostra por si mesmo e da *epoché*, tendo em vista a tentativa de chegar às coisas mesmas.

Em geral, sempre que os pais fazem alguma colocação, investigo se a criança compreende o que estão dizendo, se deseja questionar algo, se tem uma posição diferente e se reconhece a parcela de responsabilidade de cada um dos envolvidos na questão. Esse processo de interrupção para checar a compreensão oferece à criança um estímulo para lutar por seu espaço e acreditar na possibilidade de desenvolver seu autossuporte, visto que seu ponto de vista passa a ser considerado (talvez pela primeira vez) igualmente válido no processo.

Em geral, entrego aos pais e à criança uma folha de papel A4 e solicito que cada um a corte em pedaços de tamanho equivalente ao que julgam ser sua responsabilidade no problema abordado. Dessa forma, todos os membros da família conseguem concretamente visualizar a percepção uns dos outros no sistema familiar. Em seguida, peço que comentem a tarefa solicitada com o intuito de ampliar a *awareness* de cada um. Assim, de forma lúdica, trabalhamos o contato da parte (o sintoma) no todo familiar.

Enquanto escuto, tento apreender os significados, pois, segundo Berg van Den (2000), quem não escuta os significados não escuta coisa nenhuma. Portanto, fico atenta aos dicionários repletos de significados que desfilam à minha frente, frequentemente atribuídos aos mesmos comportamentos, sentimentos e sensações. Percebo como uma escuta reage de modo diferente aos significados alheios, como se interrompem, confluem e divergem. Ao mesmo tempo, consulto o meu dicionário e procuro colocar meus significados entre parênteses, para apreender a riqueza existencial de cada indivíduo à minha frente.

Nesse caso específico, deixei para esclarecer esses detalhes no final da sessão, pois optei por seguir o fluxo do que estava acontecendo. Assim que os pais entraram no consultório, disse que estávamos falando sobre raiva e desenhando esse sentimento. Falei que explicaria o processo terapêutico ao final, para não interromper o que estava acontecendo naquele momento. Em seguida, a criança entregou uma folha em branco para cada um e propôs: "Vocês podem desenhar a raiva de vocês?"

Quem nunca sentiu raiva? Segundo Buber (1982), a esfera do inter-humano é aquela do face a face, do um ao outro, sendo o seu desdobramento o que chamamos de dialógico. Yontef (1998) complementa essa ideia afirmando que o diálogo existencial é aquele que acontece quando duas pessoas se encontram e cada uma é "impactada por" e "responde ao" outro, em uma atitude Eu-Tu.

Um silêncio pairou sobre o ambiente em que estávamos. Cada um começou a desenhar seus sentimentos e a criança ficou olhando. Sugeri que ela aproveitasse o tempo para escrever o que estava ocorrendo no aqui e agora experiencial. Yontef (1998) salienta que os Gestalt-terapeutas se concentram mais em experiências do que em conceitos, priorizando o agora e não o passado. Assim como o desenho, outras atividades podem ser sugeridas em sessões que envolvam a criança e a família. Trata-se de uma forma de ajudá-los a compartilhar raivas, medos, ansiedades, alegrias, tristezas e irritabilidades, muitas vezes decorrentes das atitudes que eles mesmos assumem uns com outros.

Segundo Cancello (1991), quando o sentimento e/ou a palavra aprisionadora são proferidos, criam-se condições para dizer a palavra libertadora, pois o aprisionamento aponta para o lugar onde a libertação pode acontecer. O aprisionamento vivido, na minha perspectiva, era a incompreensão dos pais em relação à raiva sentida pela criança e ao choro por meio do qual ela a expressava. Como ressignificar a forma como esses sentimentos foram intencionados senão por meio do diálogo?

Decorrido algum tempo, a criança se aproximou da mãe e, olhando para o desenho que ela tinha feito, disse: "Você também sente raiva, que bom. Viu como é ruim?" Aproveitei e complementei: "Nisso vocês também são iguais. Ambas sentem raiva". A mãe respondeu: "É muito ruim mesmo". E começou a chorar. O pai desenhava também um coração cinza, embora de tamanho diferente. Não perdi a oportunidade de fazer a descrição fenomenológica: "Todos sentem raiva, embora ela tenha cores e tamanhos diferentes. Às vezes, os sentimentos são iguais, mas ao mesmo tempo diferentes". Todos ficaram emocionados e permaneceram em silêncio.

De acordo com Hycner e Jacobs (1997), quando duas pessoas se rendem ao entre – o que é denominado confiança existencial –, emerge a possibilidade da relação Eu-Tu, embora temporária, pois necessariamente ocorre o retorno ao mundo do Eu-Isso. Quebrando o silêncio, solicitei que, se possível, escrevessem em casa o que sentiram enquanto desenhavam. Justifiquei que não tínhamos tempo naquela sessão para entrar em detalhes, mas sugeri que compartilhássemos essas vivências no próximo encontro, assim ficaríamos todos curiosos. Eles sorriram e concordaram. Pontuei novamente as igualdades e diferenças em relação ao sentimento de raiva e finalizei a sessão com a sensação de termos caminhado muito. Ocorrera um encontro em um terreno comum, no qual não se acusavam, e puderam fazer contato com seus sentimentos. Pontuei o contrato terapêutico e reforcei alguns conteúdos dos livros que disseram ter lido em casa. Agendamos um novo encontro e nos despedimos.

Nas sessões seguintes, o sentimento de raiva foi se reconfigurando e eles tiveram a oportunidade de compartilhá-lo de várias formas: por meio da fala, de desenhos, da escrita, de trabalhos em argila, entre outros. Os pais também puderam falar a respeito das raivas vividas quando eram crianças e sobre aquelas atualmente vivenciadas, quando não eram compreendidos pela filha.

Em outras sessões, abordamos a temática da reprodução assistida, trazida pela criança, por meio de livros infantis, como os de Straube (2013), e tivemos a oportunidade de desenhar, falar sobre, vivenciar por meio de fotos e filmes da família a forma como a menina foi gerada, realmente de modo diferente da irmã, embora não menos especial na perspectiva dos pais.

Confirmada nas suas emoções, vividas pela diferença, a criança foi se descristalizando e estabelecendo novas formas de se ajustar criativamente ao seu contexto, que incluía toda a família, agora também mais preparada para se autorregular de forma diferente diante das demandas da filha. Vale ressaltar que o comportamento considerado inapropriado é, na verdade, a forma como a criança consegue estabelecer sua autorregulação organísmica inicialmente. Entretanto, se esse comportamento não for trabalhado, pode debilitar o *self* e as funções de contato.

Em todo esse processo ficou evidenciado que o "meu fazer", como psicoterapeuta, se torna um "nosso fazer", um fazer que se faz junto com os membros da família. É uma forma de ser e estar que favorece a *awareness* familiar de como se relacionam, escutam suas necessidades, as satisfazem ou não, como se interrompem ou favorecem a expressão de pensamentos, sentimentos, sensações e comportamentos; envolve ainda a forma como reagem diante das diferenças. É nesse campo psicológico que os acontecimentos tomados na sua totalidade adquirem significado, tal como afirma Yontef (1998).

Assim, nesse campo existencial, o indivíduo, a cada instante, seleciona as vivências que conferem sentido ao seu vivido. Segundo Ribeiro (2016), "somos" essas vivências e temos o poder de costurá-las com sentido.

Outros conteúdos foram abordados no decorrer das sessões, mas optei por compartilhar neste texto especificamente a forma como trabalho com os introjetos advindos do meio que podem enfraquecer os ajustamentos criativos e o autossuporte durante o processo de desenvolvimento infantil. No caso dessa paciente e de muitas crianças, adjetivos como o de "chorona" podem se tornar quase um sobrenome ou até mesmo tatuagens psíquicas dificilmente removíveis.

Outro recurso que utilizo para trabalhar as introjeções é o livro *Para onde vão as palavras que escuto*. Nele, a protagonista, ao introjetar as palavras que escuta cotidianamente no seu contexto familiar e social, vivencia uma crise de identidade, pois "engoliu sem mastigar" inúmeras informações a seu respeito e se deixou tatuar pela maioria delas. Sem saber se era legal ou chata, egoísta ou altruísta, responsável ou irresponsável, lerda ou rápida, burra ou inteligente, a personagem, depois de lidar com diversas situações semelhantes, desenvolveu suas funções de contato e ampliou sua consciência, descobrindo que as palavras têm um significado que apenas faz sentido no contexto em que são proferidas. O livro ainda contém uma atividade a ser realizada em casa: na bolsa de uma boneca há uma lista com diversas palavras normalmente ditas pelos adultos e as famílias podem identificar aquelas que mais utilizam em seu cotidiano, comentá-las e revê-las (Suassuna, 2019).

Com o apoio do livro, a criança compreende que, naquela hora, local e na perspectiva de uma pessoa, pode ter recebido o adjetivo de chorona, o que não significa que ela seja sempre assim. É capaz também de entender que, em outro tempo, espaço ou contexto, pode não ter utilizado o choro para expressar sua raiva, por exemplo. Essa noção de contexto a ajuda a compreender que ninguém é sempre o adjetivo dito naquele momento. Assim, esse e outros adjetivos que costumam fazer parte do universo infantil, como os de egoísta e altruísta, lerda e apressada, chata e legal, responsável ou irresponsável, entre outros, vão sendo situados na concretude de cada experiência. Descobrir *de onde* vêm as palavras que escuta a seu respeito, *quem* as pronuncia e *o que ocorre* naquele momento possibilita a ocorrência do processo de mastigar as introjeções. Com essa compreensão, a criança reorganiza suas funções de contato, seus ajustamentos, seus mecanismos de evitação, seu autossuporte e amplia sua capacidade de *awareness*.

A criança, de forma geral, apresenta fronteiras de contato extremamente frágeis, o que a torna vulnerável a crenças a seu respeito e a respeito de sua vida. Rodeada de introjetos, estabelece uma fronteira entre si mesma e o restante do mundo tão hermética que pouco sobra de si.

É preciso salientar que até mesmo os introjetos considerados favoráveis na perspectiva dos pais podem ser desfavoráveis à criança quando ela os assimila como seus. Por exemplo, se os pais dizem que um filho é super-responsável, ele poderá fazer de tudo para manter esse rótulo, e isso o afastará de suas limitações. Entretanto, em outro contexto, quando uma criança é rotulada como irresponsável, ela pode projetar essa atitude ou ficar confusa sobre quem de fato é. Na verdade, ninguém é sempre do mesmo jeito.

Ser ou não ser o que as pessoas dizem a seu respeito é ponto fundamental para o desenvolvimento do autossuporte da criança, pois crenças a seu respeito que não são compreendidas geralmente enfraquecem o *self*. Podem ainda originar comportamentos desesperadores, na tentativa de lidar com as introjeções negativas a seu respeito. Importante mencionar que, na fase do egocentrismo, essa dinâmica torna-se ainda mais intensa, dada a inabilidade da criança de se separar dos diferentes pontos de vista sobre si.

Como recurso para ajudar a criança a descobrir quem ela está sendo naquele tempo e espaço, sugere-se que os pais sejam pontuais em suas falas: "Você está sendo chorona nesse momento quando..." Devem, em síntese, situar o tempo e o espaço em que observam determinado comportamento: "Agora, está sendo responsável ao fazer sua tarefa no lugar certo". Ser chorona ou egoísta, por exemplo, é muito diferente de "estar" chorona ou responsável. Essa tarefa do terapeuta é fundamental, pois permite à família reconfigurar as formas de relacionamento entre os membros familiares.

Segundo Hycner e Jacobs (1997, p. 15),

> [...] não sou completamente eu mesmo até que eu seja reconhecido em minha singularidade pelo outro – e esse outro precisa do meu reconhecimento a fim de se tornar completamente a pessoa única que ela é. Somos inextricavelmente entrelaçados.

Ribeiro (2016) assevera que somos seres concretos, situados no tempo e no espaço e sempre em relação a algo ou alguém. Ser no mundo, segundo Forghieri (1993), é inerente ao ser humano que vivencia suas experiências em um cenário existencial. Nele estabelece fronteiras livres de perigos ou obstáculos superados, desenvolvendo uma consciência "de" e o comportamento "para" as novidades assimiláveis e a rejeição das novidades não assimiláveis. De acordo com Perls, Hefferline e Goodman (1997), a criança, tocada pela sensorialidade a todo instante, pode retrair ou expandir suas fronteiras de contato. Nesse cenário, ela depara com pessoas com as quais se identifica, se diferencia e se completa, percebendo-se simultaneamente sujeito e objeto. Dessa forma, pode incorporar informações a seu respeito sem mastigá-las, o que a levaria a um ajustamento disfuncional, capaz de impedir a ocorrência do fluxo fluido figura e fundo ou fazer que ela desenvolva discriminações reativas (cuspir), por não perceber o que não lhe pertence ou fazer discriminações criativas (mastigar) em relação ao que recebe do meio em que vive (Aguiar, 2014).

Segundo Perls (2012), a neurose assemelha-se a uma doença que surge quando o indivíduo, de alguma forma, interrompe os processos contínuos da vida e se sobrecarrega com situações incompletas às quais não consegue dar continuidade de maneira satisfatória e saudável. Assim, gradativamente durante o processo terapêutico, a criança vai desenvolvendo novas percepções do *self* e confrontos com outros introjetos vão surgindo para ser trabalhados e compreendidos no contexto em que são falados.

CONSIDERAÇÕES FINAIS

Ainda sobre o caso aqui apresentado, com o decorrer das sessões, muitos outros introjetos foram trabalhados por meio de uma compreensão rigorosa a respeito de seus significados no "dicionário" familiar. A restruturação do campo perceptivo dessa paciente e de sua família foi ocorrendo gradativamente e novas figuras sugiram para que fossem trabalhadas, a fim de favorecer, dentro dos limites e possibilidades, a expressão do si mesmo de cada um. Sabe-se que a existência humana deve ser compreendida levando-se em conta os três aspectos simultâneos do mundo: o circundante, que requer adaptação e ajustamento; o humano, que se concretiza na relação ou nas influências recíprocas entre as pessoas; o próprio, que se caracteriza pelo pensamento e transcendência da situação imediata.

Finalmente, o meu estar com a criança na perspectiva da Gestalt-terapia não se resume à técnica. É apenas o meu jeito de ser e estar com aquela pessoa que, diante de mim, busca ser compreendida. Nada substitui o encontro que acontece na relação terapêutica. É preciso se mobilizar para se arriscar nessa aventura de compreender e de se fazer compreendido no decorrer daquela experiência que estamos sendo convocados a viver.

O Gestalt-terapeuta, fundamentado na teoria paradoxal da mudança, acompanha, tanto quanto o possível, o cliente no terreno onde ele está com os pés plantados, para que, com a firmeza e segurança da base já conhecida, possa arriscar-se e se deslocar rumo a novos passos, acreditando que a mudança ocorre quando uma pessoa se torna o que é e não quando tenta converter-se no que não é.

REFERÊNCIAS

AGUIAR, L. *Gestalt-terapia com crianças – Teoria e prática*. São Paulo: Summus, 2014.

ALVES, R. *O amor que acende a lua*. Campinas: Papirus, 1999.

ANTONY, S. "Um caminho terapêutico na clínica gestáltica". In: ANTONY, S. (org.). *A clínica gestáltica com crianças – Caminhos de crescimento*. São Paulo: Summus, 2010.

BELLO, A. A. *Introdução à fenomenologia*. São Paulo: Edusc, 2006.

BERG VAN DEN, J. *O paciente psiquiátrico: esboço de uma psicopatologia fenomenológica*. Campinas: Livro Pleno, 2000.

BUBER, M. *Eu e Tu*. 2. ed. São Paulo: Cortez & Moraes, 1979.

_____. *Do diálogo e do dialógico*. São Paulo: Perspectiva, 1982.

CANCELLO, L. A. G. *O fio das palavras: um estudo de psicoterapia existencial*. São Paulo: Summus, 1991.

CARDELLA, B. *A construção do psicoterapeuta – Uma abordagem gestáltica*. São Paulo: Summus, 2002.

D'Acri, G.; Lima, P.; Orgler, S. *Dicionário de Gestalt-terapia: "Gestaltês"*. São Paulo: Summus, 2007.

Feldman, C. *Encontro: uma abordagem humanista*. 3. ed. Belo Horizonte: Crescer, 2006.

Forghieri, Y. C. "O enfoque fenomenológico da personalidade". In: *Psicologia fenomenológica: fundamentos, métodos e pesquisa*. São Paulo: Pioneira, 1993, p. 23-55.

Friedman, M. *The healing dialogue in psychotherapy*. Nova York: Aronson, 1985.

Ginger, S.; Ginger, A. *Gestalt: uma terapia do contato*. Trad. S. Rangel. São Paulo: Summus, 1995.

Hycner, R. *De pessoa a pessoa: psicoterapia dialógica*. São Paulo: Summus, 1995.

Hycner, R.; Jacobs, L. *Relação e cura em Gestalt-terapia*. São Paulo: Summus, 1997.

Merleau-Ponty, M. *Fenomenologia da percepção*. 2. ed. São Paulo: Martins Fontes, 1999.

Miller, M. V. *Terrorismo íntimo: a deterioração da vida erótica*. Rio de Janeiro: Francisco Alves, 1995.

Oaklander, V. *Descobrindo crianças: a abordagem gestáltica com crianças e adolescentes*. São Paulo: Summus, 1980.

_____. *Gestalt-terapia explicada*. 11. ed. São Paulo: Summus, 1977.

_____. *A abordagem gestáltica e a testemunha ocular da terapia*. 2. ed. Rio de Janeiro: LTC, 2012.

Perls, F.; Hefferline, R.; Goodman, P. *Gestalt-terapia*. São Paulo: Summus, 1997.

Polster, E.; Polster, M. *Gestalt-terapia integrada*. São Paulo: Summus, 2001.

Ribeiro, J. P. *Gestalt-terapia: refazendo um caminho*. 9. ed. São Paulo: Summus, 2016.

Straube, K. *Muitas famílias em LAB*. Curitiba: Expoente, 2013.

Struchiner, C. "Fenomenologia: de volta ao mundo-da-vida". *Revista Abordagem Gestalt*, v. 13, n. 2, 2007.

Suassuna, V. "O diálogo abortado como a gênese dos transtornos da infância". *Revista do Instituto de Treinamento e Pesquisa em Gestalt-terapia de Goiânia*, 2002.

_____. *Para onde vão as palavras que escuto*. Goiânia: R&F, 2019.

Suassuna, V.; Mendonça, D. *O segredo da convivência*. Curitiba: Appris, 2018.

_____. *Conheça-te a ti mesmo*. Goiânia: R&F, 2019.

Yontef, G. *Processo, diálogo e awareness*. São Paulo: Summus, 1998.

Zinker, J. *Processo criativo em Gestalt-terapia*. São Paulo: Summus, 2007.

2
O DESENHO NA PRÁTICA CLÍNICA COM CRIANÇAS E ADOLESCENTES

EVELYN DE OLIVEIRA

A flexibilidade e a abertura para a novidade são importantes para quem trabalha com crianças, sobretudo as pequenas. Gestalt-terapia é permissão para ser criativo (Zinker, 2007) e, para atender esse público nessa abordagem, isso é indispensável.

A linguagem lúdica é inerente à pratica clínica com crianças, pois se mostra genuína, autêntica e confortável para elas. Quanto menor a criança, mais a linguagem lúdica prevalecerá. Encontrar o mundo lúdico infantil é um dos objetivos do Gestalt-terapeuta e representa conhecimento e respeito pelas particularidades do universo dos pequenos.

Inerente à linguagem lúdica encontra-se o desenho, que, independentemente da idade, representa uma forma de expressão da criança.

> A criança enquanto desenha canta, dança, conta histórias, teatraliza, imagina, ou até silencia... O ato de desenhar impulsiona outras manifestações, que acontecem juntas, numa unidade indissolúvel, possibilitando uma grande caminhada pelo quintal do imaginário. (Derdyk, 2015, p. 32)

A faixa etária da criança influencia diretamente o fluxo da sessão. A depender da idade, ela faz determinadas escolhas em relação à utilização (ou não) do espaço, dos jogos e da forma de contato que será estabelecida com o terapeuta – e muitas vezes desenhar representa a atividade mais segura para ela naquele momento.

Muitas vezes, a criança que chega a nós apresenta grave comprometimento em sua capacidade de ser criativa, de brincar, de se relacionar. É importante que se tenha sempre em mente as peculiaridades da infância e que se busque resgatar ou estimular a sua dinamicidade integral, pois "este estado de eterna transformação física, perceptiva, psíquica, emocional e cognitiva promove na criança um espírito curioso, atento e experimental" (Derdyk, 2015, p. 24), que auxilia no processo de desenvolvimento funcional.

O desenho da criança é produto de sua totalidade. Assim, recebe influência do meio em que ela vive e das relações que estabelece. Por isso, acaba revelando aspectos da sua vivência que não apareceriam de forma verbal, seja por receio ou pelo fato de ela ainda não ter essa habilidade totalmente desenvolvida.

As teorias clássicas fundamentadas em trabalhos de autores como Luquet (1969), Lowenfeld e Britain (1970) e Piaget (1976) descreveram o desenvolvimento do desenho em fases em que aspectos como cognição, motricidade e criatividade são superados em direção a uma completude, fragmentando a criança e seu processo de crescimento.

Na ciência psicológica, os desenhos foram inicialmente utilizados de forma psicométrica, na criação de medidas de inteligência, e mais tarde no desenvolvimento de testes projetivos. Além disso, também são usados hoje como forma de investigação diagnóstica e intervenção terapêutica.

Em Gestalt-terapia, assim como em outras abordagens, o desenho pode ser utilizado no estabelecimento do vínculo, na investigação diagnóstica e como intervenção terapêutica; contudo, as propostas sempre estarão embasadas no método fenomenológico e norteadas pela relação dialógica.

Para o Gestalt-terapeuta, o cliente sempre apresentará um canal preservado por onde a comunicação terapeuta-cliente acontecerá. Às vezes recebemos crianças tão adoecidas, com a energia vital tão rebaixada que até mesmo a brincar elas se recusam. Nesses casos, o desenho pode anunciar um caminho por vezes bem tímido, mas promissor, de conexão.

O MÉTODO FENOMENOLÓGICO

A fenomenologia estrutura o método básico de trabalho da Gestalt-terapia e funciona com base nas premissas do compromisso com o agora e do exercício constante de olhar a experiência pelos olhos de quem a vive sem julgamentos, preconceitos e "*a prioris*". Seu objetivo é favorecer o processo de autoconhecimento e atualização, pois "a Gestalt-terapia é fenomenológica; o seu único objetivo é a *awareness* e a sua metodologia é a da *awareness*" (Yontef, 1998, p. 234).

A investigação fenomenológica foi adaptada para a prática clínica com o objetivo de ser um método pelo qual tanto o terapeuta quanto o cliente possam investigar o significado subjetivo deste e de sua experiência (Joyce e Sills, 2016). O método fenomenológico "[...] é uma tentativa de representar ou descrever a existência da pessoa adequadamente, permanecendo fiel à própria qualidade e experiência da mesma" (Dusen, 1977, p. 133-34). Assim, diante de um desenho, iniciamos o trabalho solicitando que a criança descreva o que desenhou, e isso independe de a produção mostrar um emaranhado de rabiscos ou apresentar habilidades artísticas capazes de representar fielmente a realidade.

O cuidado de não atribuir significados ao desenho deve ser observado sobretudo no caso de crianças pequenas. Na fase das garatujas (entre 2 anos e meio e 4 anos de idade), sua produção não apresenta indícios de esquemas, ou seja, não há ainda em seus traços a intenção ou a necessidade de representar a realidade, e em virtude disso a cada momento ele poderá "assumir" uma nova forma. Assim, inicialmente a criança pode dizer que desenhou a mãe e, no momento seguinte, que aquela mesma produção se refere ao cachorro de estimação, ou a si mesma. Nesses trabalhos, o compromisso com o atual do método fenomenológico fica fortemente evidenciado. Não importam quantas atribuições a criança fez a seu desenho, e sim a experiência que teve em cada um desses momentos.

Importante lembrar que a dor da criança do terapeuta pode rivalizar com a dor da criança atendida e interferir na metodologia do trabalho e na relação, por isso o profissional precisa estar com sua criança atualizada e em paz, para que ela se integre à sua personalidade e contribua saudável e criativamente no processo terapêutico.

O método fenomenológico "é uma busca de entendimento, baseada no que é óbvio ou revelado pela situação, e não na interpretação do observador" (Yontef, 1998, p. 218). Assim, além de não atribuir significado à experiência do cliente, o terapeuta precisa estar atento a *o que* a pessoa desenha e *como* ela desenha. Durante um trabalho de orientação profissional, uma jovem encontrava-se em um impasse entre duas profissões. Pedi a ela que realizasse dois desenhos de si mesma nas circunstâncias de cada uma das profissões. Observei claramente que um dos desenhos foi feito de forma rápida, com poucos detalhes; já o segundo foi realizado de forma mais tranquila, apresentando maior variedade de cores e riqueza de detalhes. No momento da descrição, ao falar do segundo desenho, a postura da jovem tornou-se mais relaxada, e sua fala, mais energizada e fluida. Ao descrever o observado à cliente, uma reflexão se abriu e contribuiu para que ela escolhesse a profissão com a qual se identificava (a do segundo de desenho), e não com a outra – no caso, era a mesma escolhida por sua irmã mais velha, por quem a jovem nutria forte admiração.

O método dialógico desdobra-se em três níveis: descrição, elaboração e identificação, que não se caracterizam como fases estanques a ser transpostas, mas podem ser percorridos em uma única sessão ou levar todo o processo psicoterapêutico para ocorrer. O primeiro nível caracteriza o contato inicial em que o terapeuta faz descrições do comportamento da criança, realiza alguns questionamentos e solicita-lhe que descreva suas produções; no nível de elaboração, a criança já permite que outras intervenções sejam feitas além da descrição; o nível da identificação ocorre quando a criança se apropria dos conteúdos vivenciados, identificando-se com suas produções. Este último pode não ocorrer, o que não implica dizer que o processo não tenha obtido sucesso. A criança às vezes já se beneficiou da terapêutica na fase anterior ou não tem ainda capacidade cognitiva/verbal plenamente desenvolvida para fazê-lo (Aguiar, 2014). Independentemente do momento em que ocorrerem, é necessário que exista o envolvimento tanto do cliente quanto do terapeuta:

> O trabalho fenomenológico da GT é feito por meio de um relacionamento baseado no modelo existencial do Eu e Tu aqui e agora de Martin Buber. De acordo com este modelo, a pessoa se envolve total e completamente com a pessoa ou com a tarefa à mão, ambas tratadas como Tu, um fim em si mesmo, não um isto, coisa ou meio para um fim. (Yontef, 1998, p. 221)

O método fenomenológico é congruente com todo o arcabouço teórico-filosófico da Gestalt-terapia. Caracteriza-se pelo foco no aqui e agora, no respeito à alteridade e no encontro existencial que não só respeita o diferente, mas o acolhe, admira e reverencia.

O DESENHO E A GESTALT-TERAPIA

Perls (1977a) utilizou-se de muitas técnicas ao longo da vida. A forma genial como as realizava conferiu um aspecto quase mágico à sua utilização. Contudo, ele criticou o seu uso arbitrário e alertou-nos sobre a possibilidade de elas originarem uma falsa terapia que impede o crescimento.

Do ponto de vista conceitual, o desenho é considerado uma técnica, pois pode promover a integração da personalidade ao restaurar o equilíbrio organísmico e facilitar o acesso à autorrealização produtiva (Perls, 1977b).

Considerando as características do experimento descritas por Zinker (2007), o desenho também se configura como experimento, por ser capaz de diminuir a resistência e transformá-la em um suporte flexível; pode transformar o falar em fazer e a esterilidade das teorizações em presentificação no aqui e agora por meio da imaginação, da energia e da excitação.

A proposta de realização de desenho, assim como qualquer técnica ou experimento, deve surgir sempre pautada em um vínculo de confiança, embasada teórica e metodologicamente e indicando potencial terapêutico no processo. Nenhuma intervenção deve ser proposta a fim de atender a uma necessidade individual do terapeuta como aperfeiçoamento ou estratégia para superar dificuldades de manejo, pois de acordo com a relação dialógica o cliente jamais pode ser considerado um meio para um fim (Yontef, 1998).

Toda sorte de conteúdo pode ser trabalhada com o desenho. A raiva, sobretudo, origina trabalhos extremamente mobilizadores. Uma criança, ainda na fase das garatujas, fez alguns rabiscos coloridos e arredondados, com semblante tranquilo, sem tensionar por demais o giz de cera. Quando lhe pedi que descrevesse o desenho, disse que era ela e a mãe passeando no parque (passeio que havia de fato realizado recentemente com a mãe). Em seguida, fez outra série de rabiscos, mas dessa vez cerrou os lábios, tensionou o giz de cera e produziu traços pontiagudos. Quando pedi que relatasse o que havia desenhado, ela respondeu que não sabia. Descrevi a ela o processo de realização e as características dos dois desenhos. Antes que terminasse a descrição do segundo, a criança explicou que estava com raiva porque o pai não fora ao passeio no parque com ela e a mãe. Os pais haviam se separado havia alguns meses.

Na sequência da intervenção, confirmou-se o sentimento de raiva da criança. Ela silenciou por alguns segundos e disse que queria brincar de outra coisa, o que fez com um semblante de desconforto e voz regredida. Iniciou-se outra brincadeira, mas antes comentei com ela que falar daquele assunto parecia-lhe difícil e doloroso. Dessa forma se seguiu a sessão, pois "o terapeuta não tenta dirigir as ações ou conversas da criança de forma alguma. Ela indica o caminho e o terapeuta a segue" (Axline, 1980, p. 87). A continuidade do trabalho seria possível com a evolução da intervenção, contudo a criança demonstrou claramente que havíamos chegado o mais perto possível de sua dor.

A resistência não é algo ruim que deve ser combatido com veemência pelo terapeuta; mas é "[...] aliada da criança e sua maneira de proteger-se. Eu espero e respeito a resistência. Surpreendo-me mais quando não existe do que quando aparece" (Oaklander, 2009, p. 40). No caso da menina com pais separados, a resistência é uma tentativa de autopreservação, uma autodefesa, pois "tudo que ameaça enfraquecer o todo ou partes da personalidade é sentido como um perigo, como algo hostil que precisa ser aniquilado pela destruição ou pela evitação" (Perls, 2002, p. 109).

Do ponto de vista do metabolismo mental, Perls (2002) afirma que nos nutrimos saudavelmente ou não do mundo por meio de nossa capacidade de morder e mastigar o alimento (físico ou psíquico), a fim de torná-lo assimilável e nutritivo para o organismo. Diante disso, o desenho pode ser considerado uma solução criativa que auxilia nesse processo, pois contribui para que a criança divida em pedaços menores e digeríveis sua experiência – em suma, possibilita que ela se aproxime do alimento mental no momento e na forma adequada para que a assimilação ocorra.

No desenho, a criança tem acesso à concretização de sua experiência – o que, segundo Antony (2012), é indispensável em sua vivência – e, ao mesmo tempo, toma consciência do simbolismo do conteúdo desenhado. Ao desenhar, com o auxílio do terapeuta, a criança pode diferenciar seu conteúdo daquele do mundo e do que é do outro, sobretudo o que vem de seus pais (expectativas, tensões, projeções). Segundo Perls (1977b, p. 92-93),

> a criança vive em confluência com seu ambiente. Ela não desenvolveu ainda suas funções de contato. Isto é, não pode diferenciar entre o si mesmo (*self-ness*) e o outro (*other-ness*), entre sujeito e o objeto, entre a projeção e autoexpressão.

Existem muitas formas de se propor um desenho para a criança. A proposta pode ocorrer nas primeiras sessões, a fim de deixá-la mais confortável e estabelecer um bom vínculo, uma vez que "a tarefa do terapeuta infantil é estabelecer um forte vínculo com a criança para que ela se sinta segura e confie no adulto que está se propondo a ajudá-la" (Zanella, 2019, p. 124). A proposta também pode surgir após o relato da criança de algo que a esteja mobilizando; como complemento a um trabalho com sonhos; ou pode surgir espontaneamente quando a criança pede para desenhar.

O desenho pode ainda concluir um trabalho fechando uma experiência. Por exemplo: depois acessar o sentimento de tristeza, a criança pode desenhá-lo, ou talvez esse seja o pontapé inicial de outro, como quando se solicita que ela desenhe seu sintoma (enurese, timidez, medo). Na medida em que se segue o curso da intervenção, pode surgir a necessidade de ampliar a utilização e a intensidade das funções de contato na experiência, como envolver alguma atividade motora com o sintoma ("bater" no xixi, conversar com a timidez ou aprisionar o medo em algum lugar).

Outra estratégia bastante mobilizadora é solicitar que, após a realização do desenho, a criança conte uma história sobre sua produção. Contar histórias favorece a revelação de tensões emocionais inerentes ao seu desenvolvimento, assim como atitudes dos pais em relação a ela e também a rivalidade entre irmãos (Rogers, 1979). A projeção das vivências da criança fica evidenciada na história, possibilitando importantes intervenções. Essa proposta pode ser feita independentemente da fase de desenvolvimento de seu desenho, considerando que o mais importante não é necessariamente o que ela desenhou, e sim o significado que atribuiu a ele e influenciou diretamente a história contada.

Quanto mais funções de contato houver e maior for a intensidade de sua utilização, maior a probabilidade de a experiência resultar em uma terapêutica mais intensa. Contar histórias depois de desenhar implica um aumento da energia investida no trabalho, consequentemente elevando a possibilidade de ampliação da consciência.

Depois de desenhar uma quantidade grande de cocos caídos no chão, em volta de um grande coqueiro que estava em cima de um morro, um menino de 9 anos contou uma história. Nela, os cocos estavam em um lugar muito apertado e ficavam pulando uns sobre os outros para ficar por cima e ter mais espaço. Disse a ele que havia percebido uma árvore no desenho, e ele confirmou se tratar de um coqueiro. Falei sobre os cocos meio apertados e sobre a árvore sobre o morro. O menino disse que os cocos queriam que o coqueiro os ajudasse, mas lá do alto ele não os ouvia. Depois de mais algumas intervenções, perguntei-lhe se aquela história lhe era de alguma forma familiar, e aos poucos ele associou o coqueiro ao seu pai e os cocos a ele, aos dois irmãos e à mãe. A criança acessou seu sentimento de tristeza de ter de, constantemente, tentar chamar a atenção para obter a aprovação e o amor do pai. Como fechamento da atividade, perguntei ao garoto se queria mudar algo no desenho. Expliquei que nem sempre conseguimos mudar as coisas, mas que naquela ocasião ele poderia. O menino, então, alterou o desenho, colocando os cocos (ele, a mãe e os irmãos) e o coqueiro (o pai) em um mesmo nível, e concluiu dizendo que, por estarem mais próximos, o pai poderia ouvi-los.

Integrar aspectos dissociados da personalidade é um objetivo da psicoterapia que pode ser favorecido pela utilização do desenho como técnica integrativa, cuja função é transpor para o domínio da ação algo que a pessoa criou em sua mente como pensamento, imagem ou sentimento dissociado (Naranjo, 1990).

Uma adolescente de 15 anos se referia a si mesma como "Ana (nome fictício) boazinha" e "Ana mazinha". Essa polaridade ficou muitas vezes evidente no *setting* e era vivenciada com sofrimento pela cliente. Propus-lhe que desenhasse as duas versões. Após a realização dos desenhos, solicitei que descrevesse não só a produção gráfica, mas também as caraterísticas, os sentimentos e os pensamentos vivenciados por cada uma das versões. Depois da descrição da cliente, comentei que, enquanto ela falava sobre os dois desenhos, por vezes sorria, ficava séria, silenciava, demonstrava aprovação e reprovação, movimentava o corpo e alterava o tom de voz. Mais algumas intervenções foram feitas e em seguida a cliente disse, referindo-se diretamente a si mesma e não mais às versões, que ela tinha todas aquelas características, tanto as "boas" quanto as "ruins", e que achava que na verdade todas as pessoas eram assim. Não se pode afirmar que a integração de aspectos da personalidade da cliente tenha sido trabalhada nessa única intervenção, mas esse trabalho foi muito relevante e com certeza contribuiu para o seu processo como um todo.

O brincar tem um caráter autoterapêutico (Oaklander, 1980); o desenho, como linguagem lúdica, também. Quando a criança desenha, pode revelar aspectos de sua realidade e também de seus desejos e idealizações. Inúmeras vezes presenciei crianças desenhando interações com animais de estimação, situações de sucesso escolar e envolvimento familiar funcional, quando na realidade a vida delas em nada se parecia com aquelas produções. Estas representam um alívio para a tensão e o sofrimento, mesmo que de forma temporária, e indicam que mesmo em meio à dor a criança não perdeu a capacidade de se projetar, de sonhar, o que é um indicador de saúde.

CONSIDERAÇÕES FINAIS

Por mais intenso e integrador que seja um trabalho, ele não esgota o processo psicoterapêutico. O trabalho com desenhos pode ser de parte coadjuvante no processo a divisor de águas, representando qualitativamente um salto terapêutico.

Nada substitui a importância da relação dialógica na psicoterapia. Nenhuma intervenção surtirá efeito adequado se o respeito à inteireza da criança for negligenciado.

O desenho faz parte da caracterização de terapia criativa da Gestalt-terapia. Versátil, flexível e potente terapeuticamente, precisa ser utilizado com todo cuidado humano e ética. O cliente e seu processo devem sempre ser o centro quando se decide utilizar esta ou aquela técnica, este ou aquele experimento. Considerar o desenho uma forma de acessar o cliente e, com isso, vivenciar um encontro existencial faz que as intervenções gráficas evoluam de intervenções para instrumento de contato.

Quando uma criança desenha, oferece ao terapeuta o acesso ao seu mundo particular, mesmo sem ter plena consciência desse processo. Sabendo disso, o profissional precisa adentrar esse mundo de forma respeitosa, sem julgamentos e com sabedoria para compreender o que ela tem a dizer.

REFERÊNCIAS

AGUIAR, L. *Gestalt-terapia com crianças – Teoria e prática*. São Paulo: Summus, 2014.

ANTONY, S. *Cuidando de crianças: teoria e arte em Gestalt-terapia*. Curitiba: Juruá, 2012.

AXLINE, V. M. *Ludoterapia: a dinâmica interior da criança*. Belo Horizonte: Interlivros, 1980.

DERDYK, E. *Formas de pensar o desenho: desenvolvimento infantil*. Porto Alegre: Zouk, 2015.

DUSEN, W. V. "A fenomenologia de uma existência esquizofrênica". In: STEVENS, J. (org.). *Isto é Gestalt*. São Paulo: Summus, 1977, p. 133-53.

JOYCE, P.; SILLS, C. *Técnicas em Gestalt: aconselhamento e psicoterapia*. Petrópolis: Vozes, 2016.

LOWENFELD, V.; BRITAIN, W. L. *Desenvolvimento da capacidade criadora*. São Paulo: Mestre Jou, 1970.

LUQUET, G. H. *O desenho infantil*. Porto: Barcelos, 1969.

NARANJO, C. *La vieja y novísima Gestalt: actitud y práctica*. Santiago: Cuatro Vientos, 1990.

OAKLANDER, V. *Descobrindo crianças: a abordagem gestáltica com crianças e adolescentes*. São Paulo: Summus, 1980.

_____. *El tesoro escondido: la vida interior de niños y adolescentes*. Santiago: Cuatro Vientos, 2009.

PERLS, F. *Gestalt-terapia explicada*. São Paulo: Summus, 1977a.

_____. "Teoria e técnica de integração da personalidade". In: STEVENS, J. (org.). *Isto é Gestalt*. São Paulo: Summus, 1977b, p. 69-98.

_____. *Ego, fome e agressão*. São Paulo: Summus, 2002.

PIAGET, J. *A equilibração das estruturas cognitivas*. Rio de Janeiro: Zahar, 1976.

ROGERS, C. *O tratamento clínico da criança-problema*. São Paulo: Martins Fontes, 1979.

YONTEF, G. *Processo, diálogo e awareness*. São Paulo: Summus. 1998.

ZANELLA, R. "Gestalt, crianças e crescimento". In: FRAZÃO, L. M.; FUKUMITSU, K. O. (orgs.). *Situações clínicas em Gestalt-terapia*. São Paulo: Summus, 2019, p. 123-38.

ZINKER, J. *Processo criativo em Gestalt-terapia*. São Paulo: Summus, 2007.

O USO DA NARRATIVA COMO FERRAMENTA CLÍNICA NO PROCESSO DE INTEGRAÇÃO

CLAUDIA CLAIR P. TESSARI

"Quem conta uma história conta a si mesmo."

(JEAN CLARK JULIANO)

A arte das histórias sempre fascina, pois com elas aprendemos muito sobre nós mesmos, facilitamos nosso crescimento pessoal e usamos a criatividade para solucionar problemas e dificuldades, como nas lendas e nos contos de fadas. Ao tomar conhecimento da narrativa de vida para o contexto clínico infantojuvenil, tive a certeza de que estava diante de uma ferramenta terapêutica poderosa, a qual possibilita integrar o todo e as partes de uma existência. Este capítulo tem como objetivo apresentar a construção da narrativa de vida no contexto clínico.

A cada hora de trabalho como terapeuta conhecemos uma nova história que é, gentilmente e muitas vezes dolorosamente, compartilhada por meio das experiências vividas pelos pacientes. Como diz Laura Perls (*apud* Carroll, 2009, p. 4), "descobrir o extraordinário, o notável é objeto de grandes romances e cada romance é um caso clínico". A aproximação com o uso da narrativa de vida na prática clínica aconteceu por influência de Felicia Carroll, Gestalt-terapeuta americana que utiliza essa ferramenta com crianças vítimas de traumas, abusos físicos e sexuais. Carroll foi influenciada por Jan Hindman (1989), escritora e pesquisadora americana que produziu avaliações de trauma para vítimas de abuso sexual, verificando as relações e emoções da criança com o acontecimento.

A avaliação do trauma empresta uma coleção de detalhes que serão usados na história a ser produzida. O que aconteceu? O que você viu e ouviu? Que cheiro sentiu? Quem estava lá? Quem acreditou em você? Segundo Hindman (1989), crianças, adolescentes e adultos necessitam ter a possibilidade de falar abertamente sobre o que aconteceu para que elaborem e integrem os incidentes traumáticos, possibilitando, assim, uma formação de sentido sobre a realidade e as circunstâncias da vida. Mills e Crowley (1986) desenvolvem um trabalho em que utilizam o conto de histórias metafóricas com grupos terapêuticos. Seu trabalho também influenciou Felicia Carroll na construção da narrativa de vida no que tange à estruturação da história e ao uso da linguagem sensorial e emocional direcionada às crianças.

Trabalhar com crianças exige do psicoterapeuta uma gama de possibilidades efetivas, criativas e afetivas. O uso da narrativa de vida, como recurso terapêutico, propõe estimulá-las na busca do significado e da confirmação da própria existência.

A criança que chega à terapia geralmente está confusa, perdida; apresenta sintomas e sua existência não é confirmada pelos adultos que a cercam, de modo que seu potencial não flui. Os sintomas produzidos por ela, segundo Antony (2009, p. 83),

> surgem como tentativas de ajustamentos criativos (comportamentos, gestos, pensamentos, tensões corporais) para neutralizar a angústia, sinalizando que uma necessidade importante não está sendo satisfeita, e, por consequência, uma *gestalt* está aberta. O adoecer representa uma forma de autorregulação que revela uma personalidade fazendo uso de seus recursos psíquicos singulares para enfrentar o sofrimento, a dor, a tensão.

A criança sabe do que precisa para se desenvolver e crescer, sendo capaz de usar plenamente todos os seus sentidos, emoções e intelecto para satisfazer suas necessidades. Para que tudo isso possa acontecer, ela precisa ser confirmada, autorizada a usufruir da sua vida desenvolvendo o seu potencial criativo. Em Gestalt-terapia olham-se as relações e o que delas emerge. Toda cristalização de um sintoma ou interrupção do fluxo natural da vida surge no campo organismo/ambiente, rompendo a unidade criança-outro-ambiente, advindo daí um processo de autorregulação para manter o equilíbrio da relação família-criança.

Quando a criança não consegue interagir com o seu ambiente de modo natural ou espontâneo, por não haver um suporte adequado – ou em virtude de situações opressivas que a impeçam de assimilar as experiências da vida, ou quando a ideia sobre si mesmo torna-se fragmentada e sem coesão –, a energia utilizada para a construção de si mesma e para o seu desenvolvimento acaba sendo direcionada para a resolução de seus conflitos internos. Dessas experiências surge uma consciência de que "tem algo errado comigo" ou "eu fiz algo errado", levando-a a buscar ajustamentos criativos possíveis, nas mais diversas circunstâncias de vida. Segundo Antony (2012), aquilo que a criança traz como patologia pode ser visto como um sintoma dentro do seu processo de existir e do funcionamento do sistema familiar. As enfermidades aparecem de acordo com o estilo de vida de cada um, a personalidade e a configuração dos campos relacionais a que pertence. A criança, quando adoecida emocionalmente, está interrompendo o fluxo de responder ao mundo de forma flexível e inventiva, enrijecendo sua capacidade de ajustamento criativo. Faltou-lhe o cuidado essencial, aquele que a faz se sentir amada, respeitada, reverenciada em seu jeito único, singular e espontâneo de existir.

O método de construção da narrativa de vida, segundo Carroll (2009), envolve discurso colaborativo, escrita, escuta interessada de uma história que capte a experiência de vida da criança. Esse processo promove seu engajamento na construção de uma narrativa coesa que permite o suporte para uma integração saudável e um desenvolvimento produtivo. Essa atividade terapêutica tem como base os princípios da Gestalt-terapia, utilizando o modelo de relação terapêutica descrito por Violet Oaklander (1980, 2008), no qual a relação do psicoterapeuta e da criança é o centro do processo terapêutico. A presença autêntica do terapeuta permite que ocorra um encontro genuíno da criança com um adulto disponível a estar com ela, sem julgamento, sem expectativas, o que favorece o seu desenvolvimento psíquico-emocional e amplia sua possibilidade de crescimento.

A prática da psicoterapia atual está embasada nas descobertas da neurociência que demonstram que o funcionamento da mente é uma manifestação integrada de operações neurológicas complexas. Siegel (1999), neurocientista americano, professor e pesquisador do impacto da neurociência na prática da psicoterapia clínica, cita que o processo narrativo possibilita uma via de integração interpessoal. A expressão externa da narrativa, por meio do contar histórias, constitui uma forma de discurso inerentemente influenciada pelas expectativas dos ouvintes.

As primeiras experiências afetivas influenciam a maneira como as crianças aprendem a narrar a própria vida e, talvez, a desenvolver a consciência autonoética (a consciência de si mesmas). Construir a narrativa de vida da criança, segundo o mesmo autor, possibilita a integração da consciência e da memória e a integração bilateral e vertical dos hemisférios direito e esquerdo do cérebro. Por meio da expressão afetiva (hemisfério direito) e da comunicação verbal (hemisfério esquerdo) é que a mente da criança desenvolve a capacidade de integração.

Na prática clínica, crianças, adolescentes e adultos são beneficiados pelo uso dessa ferramenta quando recriam suas próprias histórias de forma criativa para contar suas dores e os desencontros de uma existência não confirmada pelo campo, trazendo esperança de um recomeçar, com novas ações e emoções. De acordo com Cozolino (*apud* Carroll, 2009, p. 166),

> a narrativa de histórias é um modelo principal que os seres humanos usam para realizar a integração sequencial e significativa de suas ações [...] o poder das histórias de curar o sofrimento e a confusão é conhecido pelos xamãs desde a pré-história. A técnica de criação de novas histórias sobre si mesmo tem sido essencial em várias formas de psicoterapia.

Captar a vida por meio da história biográfica é uma atividade efetiva e instigante. O olhar atento do ouvinte/ criança a cada sessão, em que é compartilhada sua história por meio da leitura da produção da narrativa produzida, confirma a existência da criança que mora naquela experiência. Há alguns anos, trabalhei com a escrita narrativa de uma paciente adulta que, após cada sessão, produzia um artigo e o publicava em um jornal de sua cidade. Os escritos traduziam a intensidade com que aconteciam as sessões terapêuticas e a forma como ela processava sua vida. Construir uma narrativa com base nos artigos que a paciente escrevia oportunizou a produção de uma colcha de retalhos, em que a cada encontro buscava-se encaixar aquela escrita com um momento específico do ciclo vital. Dessa forma, a produção de sua história confirmou suas dores, lutas, conquistas, e, sobretudo, promoveu a abertura de espaços para sonhar, desejar, conquistar e, acima de tudo, reescrever essa história.

Detalhar uma história contada mostra ao ouvinte que ele está sendo visto nos pormenores e meandros da própria vida. Ao ler a narrativa, muitas vezes, o cliente sente-se tocado com as minúcias compreendidas pelo terapeuta, a partir da construção de uma relação de confiança. Mesmo que a gratidão não seja verbalizada, gestos e movimentos inconscientes demonstram tal sentimento.

Segundo Carroll (2009), o propósito da construção da narrativa da criança é confirmar a sua experiência e celebrá-la. Mais do que transmitir os fatos, a produção da narrativa de vida, bem como toda a literatura para crianças e adultos, fornece a riqueza de detalhes das emoções e relações humanas.

Polster (*apud* Carroll, 2009, p. 175) afirma que

> o romancista e o terapeuta nos convidam a abrir as portas da nossa vida para descobrir as maravilhas que estão lá dentro, dolorosas ou prazerosas. Quando o fazemos, movemo-nos para a satisfação de uma existência confirmada.

COMO SE DESENVOLVE O TRABALHO DE CONSTRUÇÃO DA NARRATIVA DE VIDA

A construção da história acontece quando se estabelece uma relação terapêutica baseada no respeito, no cuidado mútuo e na confiança. Somente a presença autêntica e espontânea possibilita o contato e a consequente autorização para entrar nessa história. O *timing* de que o paciente está pronto para a produção da narrativa é avaliado e acompanhado pelo terapeuta – essa atividade não é indicada quando se percebe que ainda há uma fragilidade diante de sua história e de todos os detalhes que a compõem. Dessa maneira, sentimentos de vergonha ou culpa poderão surgir e demonstram que um caminho de descobertas e apropriações ainda se faz necessário no processo da psicoterapia. Juliano (2010, p. 20) afirma: "Com o calor da confiança começam a emergir histórias que estavam soterradas e, à luz do dia, aparecem sonhos, fantasias, devaneios, esperanças".

O início da construção da narrativa se dá com a elaboração da linha da vida da criança, o que lhe possibilita identificar quanto conhece da própria história, além de ajudá-la a aprender mais sobre sua vida olhando de uma perspectiva própria. Ao adentrar o processo de narrar sua história, a criança se sente habilitada a organizar o senso de si própria, a expressar sentimentos que a envolvem – referentes a fatos e pessoas significativos – e a expor sua noção de presente e suas perspectivas de futuro. Ao se utilizar fotografias reais, é possível dar uma forma mais autêntica à história contada.

Durante as sessões, personagens são apresentados por meio dos recursos terapêuticos disponíveis, como miniaturas da caixa de areia, bonecos, desenhos e brincadeiras com fantoches. Escolhidos os personagens, as brincadeiras realizadas durante o processo terapêutico oportunizam a organização do processo criativo para o projeto inicial da produção da narrativa de vida da criança. Cada personagem escolhido revela suas projeções e apresenta aspectos de sua personalidade e identidade para tecer sua história.

Procede-se à coleta das informações da história da criança com os pais, nas sessões de orientação, durante o processo de avaliação. E, quando necessário, buscam-se dados mais técnicos com profissionais que possam auxiliar na compreensão de determinados detalhes que tenham ficado em aberto – é o caso, por exemplo, de laudos médicos.

Em um caso clínico real, descrito a seguir, relato o início da construção da narrativa de vida de um menino de 4 anos, encaminhado à psicoterapia devido ao comportamento agressivo. No contato com a terapeuta, porém, o garoto apresentava um olhar doce, porém distante, dando a sensação de desamparo e de não estar sendo compreendido. A história de vida levantada conta que, logo após seu nascimento, ele foi submetido a um procedimento cirúrgico corretivo por apresentar os diagnósticos de gastroquise (defeito congênito caracterizado pela extrusão de alças intestinais e outros órgãos para fora da parede abdominal, sem a membrana de cobertura peritoneal) e criptorquidia (um testículo ficou dentro da barriga), tendo ficado na Unidade de Tratamento Intensivo por 20 dias após a operação.

Mesmo que não se possa contar com os registros técnicos da mente desse recém-nascido, hoje com 4 anos, supõe-se que nascer e, imediatamente, ser levado a outra sala – distante da mãe, com pessoas estranhas, colocado em uma mesa cirúrgica, com luzes de alta intensidade incidindo sobre seu rosto, em uma temperatura e umidade completamente diferentes das quais estava acostumado – foi uma experiência traumática. Assim, inúmeras sensações e sentimentos surgiram nesses primeiros momentos de vida: medo, abandono, dor e uma imensa luta para manter-se vivo.

Otto Rank (2016), psicanalista que estudava o trauma do nascimento, vê um forte componente afetivo na separação da criança de sua mãe. Por isso, o trauma do nascimento não se limitaria somente às sensações físicas experimentadas, mas também à perda de um estado ideal. Segundo Rank, isso nos marca e nos torna particularmente sensíveis a todas as perdas.

A agressividade do procedimento cirúrgico inicial, mesmo que tenha sido para salvá-lo, foi memorizada em seu corpo e se expressa de inúmeras formas. Questiona-se se a agressividade manifestada pode ser uma drenagem das memórias armazenadas por ocasião da dor e do medo da ação cirúrgica sobre a sua mente. Não há resposta para essa pergunta. Ao escrever a história dele, relatando os incidentes traumáticos ocorridos após o nascimento (inclusive com nomes reais), existe a possibilidade de integrar tais acontecimentos de maneira elaborada, contribuindo para estabelecer a autorregulação organísmica, o ajustamento criativo funcional e, assim, uma integração saudável que dê novo sentido à sua existência e às relações interpessoais, oportunizando que ele estabeleça novas conexões entre ele, a mãe, o pai e a sua história. A construção da narrativa de vida desse menino não está concluída e, até o presente momento, quando se buscam todos os detalhes de sua chegada a este mundo, houve muita mobilização emocional, principalmente da mãe, que se deu conta de que foi difícil estabelecer a conexão entre os dois por seu medo de perder o filho.

Para ilustrar o capítulo, apresento um caso de construção da narrativa de vida utilizando um personagem neutro; não citarei o nome dos personagens com o intuito de proporcionar mais distância emocional.

Os elementos para a produção da narrativa de vida são baseados no trabalho de Mills e Crowley (1986), que destaca a necessidade de: orientação de tempo; uma configuração de *setting*; personagens; um problema; recurso pessoal; conflito ou desafio; resolução; celebração; criatividade; disponibilidade por parte do terapeuta de se aventurar nessa dimensão que, ao mesmo tempo, é real e poética.

Quando o terapeuta sente que tem detalhes suficientes sobre a história da criança e também sua "autorização" para escrever, dá início ao processo de construção, capítulo a capítulo. Inicialmente é feito um rascunho e, a cada semana, o terapeuta e a criança tomam um tempo para lê-lo. Assim, juntos, vão confirmando as informações prontas ou reescrevem as partes que não correspondem à versão da criança.

Concomitantemente, observam-se as expressões de seus movimentos corporais, que podem traduzir confirmação, negação, surpresa ou alívio diante de uma parte da história que está sendo lida.

Assim, a criança assume o papel de autobiógrafa, acrescentando detalhes ou fazendo correções. Ao promover a leitura de sua história, ela precisa ser sensibilizada por aquilo que escuta.

No decorrer das semanas, os capítulos são editados, acrescentando-se imagens, fotografias, documentos, cartas, cartões, recortes de revistas, jornais, mapas, *scrapbooks* (livro de recortes) e músicas relevantes para ilustrar a sua história. Enfim, tudo que puder contribuir para a construção do seu livro de vida.

Para concretizar a história, o terapeuta utiliza a imaginação, o conhecimento sobre o desenvolvimento da criança, a experiência de vida e a empatia. As palavras usadas provêm do vocabulário da criança, bem como suas expressões. Dessa entrega surgem momentos de intensa descontração e diversão entre terapeuta e paciente, dando voz a personagens, detalhando aspectos do cenário e imaginando ambientes sensoriais.

As histórias escritas são reais, mas muitas vezes não têm final feliz – nem "para sempre". Elas contêm medo, solidão, abandono, dor, sofrimento emocional, ambivalência, confusão. Enfim, a verdade vivida pelas crianças.

Depois que a história está pronta, e com o aval da criança de que a história está "correta", começa-se a conversar sobre quem vai escutá-la. É importante e essencial que uma testemunha escute a história final. Em geral, as crianças escolhem os pais, e o momento de leitura da narrativa passa a dar novo sentido a essa família. Polster (1987) chama a inclusão de uma testemunha na história de "satisfação de uma existência confirmada". A cada leitura se presencia um novo reencontro, uma nova reconciliação, um novo recomeço para o dono da sua história.

EXEMPLIFICANDO A CONSTRUÇÃO DE NARRATIVA

A história apresentada é de um menino de 10 anos, de família monoparental e adotado posteriormente pelo namorado da mãe, hoje marido.

O paciente foi encaminhado à terapia por indicação da escola, que tinha como queixas principais dispersão, desatenção nas atividades propostas e irritação.

No primeiro contato, percebeu-se um menino muito afetivo, educado e atento a tudo que acontecia no momento do nosso encontro. Uma de suas primeiras falas foi: "Eu tenho muitos segredos, mas por enquanto não vou te contar, porque eu não te conheço". O autocuidado com que ele se apresentou com essa fala demonstrou que tinha clareza das suas fronteiras e dos limites que precisava estabelecer com o meio para se proteger. No decorrer das sessões terapêuticas, por meio da avaliação psicológica com ele e com a mãe, ficou evidente que ele não tinha ideia da própria história: havia lacunas a ser preenchidas. Esses vazios em sua história poderiam justificar seus sintomas.

A empatia e a confiança demonstradas pela família em relação à terapeuta foram determinantes para que se pudesse construir a narrativa partindo da reconstrução da história devida da criança. Toma-se de Juliano (1999, p. 187) a importância do poder da escuta interessada na prática clínica:

> A escuta por parte do terapeuta é curativa por si, na medida em que consegue, por espelhamento, fazer emergir o interesse da pessoa por si mesma, abrindo espaço para características que estavam

escondidas ou negadas. O cliente se redimensiona ao sentir o interesse do terapeuta.

No decorrer dos meses que se seguiam, de forma cuidadosa e respeitosa, a terapeuta, juntamente com a mãe e a criança, foi tecendo a verdade sobre o que havia acontecido durante a gestação e o nascimento. A cada descoberta emergiam muitas emoções em todos. Para a mãe, o alívio transparecia, uma vez que ela tinha enormes dificuldades de voltar ao passado, por reviver a solidão e o medo para ficar com seu filho. Conforme a história ia sendo revelada, os sintomas desapareciam e a criança ficava mais inteira, construindo um senso de pertencimento à sua família e de apropriação da própria vida. Preencher as lacunas que faltavam em sua história com os fatos acontecidos tornou o pertencente a um lugar, a uma família, ampliando o senso de identidade familiar.

A criança aprendeu a contar sua história sem perceber a ausência de um pai – talvez para evitar a ausência, uma vez que ele tinha várias figuras que ele chamava de pai. Esse fato chamou a atenção da terapeuta: o avô era pai, o dindo era pai, o primo também era pai. Era óbvio que havia um "pai excluído", mesmo que este nunca o tivesse procurado. Quando o menino falou do pai biológico pela primeira vez, dizendo "eu tenho um pai de criação", perguntou-se: "Como assim?" Ao que ele respondeu: "Sim, um pai que me fez. Preciso colocá-lo no desenho da minha família". E assim o fez. Dessa forma, o último elemento desenhado na folha da família foi seu pai biológico.

Essa narrativa, produzida durante cinco semanas, foi gentilmente emprestada e autorizada pelo dono da história e sua família para ser compartilhada neste capítulo. Propôs-se ao menino a produção da narrativa após o processo de elaboração e descoberta de todos os detalhes e meandros que compunham a sua trajetória de vida até aqui. Alguns sintomas estavam abrandados. O livro da narrativa de vida foi escrito para que ele pudesse coroar a conquista desse presente que é ter sua vida integrada – pertencer a uma história real, contada sem medos, sem dúvidas. Assim, uma Gestalt importante foi fechada. Depois que o livro ficou pronto e foi avalizado pela criança, convidei os pais para uma sessão, para ouvir a história. A leitura foi tomada de muita emoção. Mãe e pai choraram e o menino perguntou: "Não está igual à minha história?" O livro construído foi ilustrado com imagens selecionadas pela criança, gerando um cenário criativo. A única foto real contida no livro está na última página e é uma foto dele com a mãe, o pai adotivo e seu irmão recém-nascido. A produção da narrativa para essa criança fez tanto sentido que ele já está pensando nos próximos capítulos.

SÓ O AMOR DESVELA E REVELA: A HISTÓRIA REAL CONTADA

Era uma vez um pequeno príncipe que morava num reino distante junto com a mãe. Mesmo sendo somente os dois, eles viviam felizes. O pequeno príncipe pensava que sua família era ele, sua mãe, os pais da sua mãe, seus tios e seus primos.

Ele era um menino muito inteligente, gentil e carinhoso com todos aqueles ao seu redor, e por esse motivo todo mundo gostava dele. Sua mãe era muito preocupada com o filho e fazia de tudo para que nada de ruim acontecesse a ele.

Um dia, a mãe do pequeno príncipe notou que ele estava irritado. Angustiada e sem saber o que fazer, lembrou-se de que um longo tempo atrás, no Reino de Muito Longe, havia um mago chamado Merlin. Assim, depois de alguns dias, começou a procurá-lo. Perguntava desesperadamente às pessoas se alguém conhecia Merlin, e a resposta sempre era negativa. Cansada, sentou-se num canto da rua e começou a chorar. As lágrimas caíam intensamente a ponto de formarem uma poça no chão. Em dado momento, apareceu refletida na poça de lágrimas a imagem de um homem. Então, a mãe do pequeno príncipe olhou para cima, ao que ele perguntou:

— Por que choras?

Ao que a mãe do pequeno príncipe respondeu:

— Eu vim de longe à procura do mago Merlin, mas ninguém o conhece.

Prontamente, o homem disse:

— Eu sou Merlin. Em que eu posso ajudá-la?

— Gostaria de saber por que meu filho está irritado, chateado.

O mago coçou o queixo e disse:

— Onde está o pai do menino?

A mãe, surpresa com a pergunta do mago, disse:

— Há muito tempo eu não pensava nesse assunto. Não sei lhe responder.

— Hummm! — disse o mago em voz baixa, ao que a mãe retrucou:

— Eu nunca falei com meu filho sobre isso.

O mago permanecia em silêncio, olhando para a mãe, e ela continuou:

— Acho que ele pensa que tem vários pais que cuidam dele. Além disso, ele vai ganhar um papai de coração, já que vou me casar com o cuidador do meu reino.

O mago disse:

— O menino tem avô, tio, seu namorado; mas o pai dele, aquele que junto contigo deu a vida a ele, onde está?

— Não sei! E, a bem da verdade, ele não precisa saber que tem um pai por aí — respondeu a mãe do pequeno príncipe, assustada.

— Sim, ele precisa saber. Se ele tem um pai e não sabe dele, ficará irritado e triste. Seu comportamento não terá explicação tanto quanto a ausência do pai — respondeu Merlin.

— Preciso pensar. Temo que, ao saber sobre o pai, ele queira deixar o reino.

— Em alguma parte do coração de seu filho, o pai dele já está presente. Saber da existência desse homem preencherá a parte que falta em seu coração.

A mãe do principezinho saiu e disse que ia pensar no que fazer. Na semana seguinte, passeando pelo reino, o menino encontrou-se com Merlin. Convidou-o a se sentar embaixo de uma árvore e contou-lhe que havia descoberto que tinha um pai de "criação".

— Como assim? — perguntou o mago.

— Sim! — disse o menino. — Minha mãe me contou que teve um namorado antes de eu nascer e que esse namorado é o meu pai. Foi ele que me fez, entendeu?

— Ahhh! — disse o mago, surpreso com a descoberta do pequeno príncipe. — Agora entendi, você tem um pai biológico!

— Simmmm! — respondeu o menino. — Foi ele que me criou.

Depois de uma longa conversa sobre como ele se sentia e o que estava pensando sobre essa descoberta, o menino continuou:

— Acho que minha família ficou maior, tem mais uma pessoa. Eu preciso incluir no meu desenho de família. Eu gostaria de conhecê-lo, mas minha mãe disse que isso não é possível.

O mago disse:

— Talvez você precise dar mais tempo para que tudo seja entendido da melhor forma possível. Você já foi longe nesse seu caminho em pouco tempo. Agora, o tempo é de acomodar tudo na sua cabecinha para que você possa estar inteiro para descobrir essas novas coisas que vêm pela frente. O que acha?

O principezinho, pensativo, disse:

— Sim, eu sei, meu querido mago.

E continuou:

— Os adultos, sempre eles, complicam um pouco a vida deles e a minha também.

Após um breve momento de silêncio, o menino prosseguiu:

— Somos pobres criancinhas indefesas.

O mago, não esperando essa resposta, olhou para ele e ambos começaram a rir.

Alguns dias depois, aconteceu uma grande festa para celebrar o casamento da mãe do principezinho com o curandeiro do reino. Ele era um homem muito bom e gostava da criança como se fosse seu próprio filho. O menino ficou muito feliz com a festa e com a nova vida que começaria para ele, sua mãe e o padrasto. Eles iam morar juntos na mesma casa e dividir a vida.

Tudo parecia perfeito, mas o principezinho ainda se sentia incompleto, triste e, por vezes, irritado. Ninguém entendia o que se passava com ele, nem ele mesmo.

Caminhava pelo reino e às vezes pensava: "Como é o meu pai de criação? Que rosto será que ele tem? Com quem ele se parece?" Mas as únicas informações que o menino tinha eram o nome e o sobrenome – o mesmo do curandeiro. Isso o deixou muito feliz. Assim ele poderia assinar com o sobrenome do pai e do curandeiro, uma vez que este o adotara como filho. Mas, ainda assim, faltava um rosto.

E a vida seguia tranquila no reino distante onde vivia o principezinho. Agora, eles viviam juntos numa casa grande e aconchegante. O menino tinha o próprio quarto, brinquedos e uma linda cachorrinha chamada Luly. Sua mãe e o curandeiro estavam felizes, trabalhavam e se divertiam. Num belo dia, eles encontraram Merlin, que caminhava pelo reino buscando raízes para fazer poções mágicas. Então, o mago perguntou:

— Como estão, queridos amigos? E o meu amiguinho, como está? Ele já fez as descobertas que desejava?

Os pais do principezinho se olharam e disseram:

— Não, mago. Ele quer muito ver o rosto, saber quem é o seu pai, mas nós temos medo de que algo aconteça.

O mago perguntou à mãe:

— Mas o que pode acontecer?

— Mago, o nosso menino pode desejar ir embora, viver com o pai biológico.

O mago, em sua sabedoria, respondeu:

— Foi ele quem disse isso a vocês, que deseja ir embora?

— Não! — disse apressadamente a mãe. — Ele nunca falou sobre isso.

O mago, mexendo a cabeça de um lado para outro, retrucou:

— Então, por que vocês não perguntam a ele se deseja ir embora deste reino para viver com o pai? Além disso, eu ouvi falar que existe um novo oráculo chamado Facebook, onde as pessoas acabam se conhecendo. Nesse lugar, é possível ver os rostos através de um espelho mágico. O que vocês acham de pesquisar sobre isso e, quem sabe, mostrar o rosto do pai ao menino?

A mãe respondeu, impressionada:

— Nossa, mago, é mesmo! Precisamos perguntar a ele e ver esse tal oráculo. Eu já tinha ouvido falar dele, mas não achei que fosse tão poderoso. Obrigada!

Um tempo depois, a mãe e o pai adotivo do menino resolveram levá-lo até o oráculo e mostrar a foto do pai biológico por meio do espelho mágico. O menino adorou ver o rosto do pai, dando-lhe uma forma e uma imagem.

— Mãeee! — disse o menino. — Agora eu não preciso mais imaginar como meu pai é. Eu consigo reconhecer meu pai. Estou muito feliz.

Agora, o principezinho se sentia completo.

O próximo passo, talvez, seria procurar o pai e conhecê-lo pessoalmente. Entretanto, o menino sabia que isso levaria tempo e que esse tempo ainda não havia chegado. Enquanto isso, ele aproveitou o momento, vivendo a vida, divertindo-se, esperando a chegada do irmão, que por ora estava na barriga de sua mãe. O menino, a mãe e o curandeiro estavam muito felizes esperando essa nova vida, esse novo amigo.

Um dia, o menininho brincava pelo reino quando apareceu o mago Merlin.

— Eu terei um irmão, mago! — disse o menino, eufórico.

— Que legal! — respondeu o mago. Porém, em seguida, ele percebeu que uma ruga de preocupação se instalara no belo rosto do menino.

— O que aconteceu? — Merlin perguntou.

— Mago, fiquei pensando: e se o meu pai, o curandeiro que agora vai ser pai do meu irmão, também resolver ir embora como aconteceu com o outro pai que eu tenho? Como eu, minha mãe e meu irmão vamos ficar?

O mago, sentindo que o menino estava realmente preocupado e começando a ficar infeliz, propôs-lhe que eles fossem até a casa do pequeno para conversar um pouco com os seus pais. O menino, sem hesitar, concordou.

Merlin chegou à casa e foi recebido com café e um delicioso bolo preparado pela mãe do menino, que logo entendeu que aquela visita era sobre alguma coisa muito importante.

— Como vai a vida? — perguntou o mago aos pais do menino.

— Muito bem, estamos muito felizes, principalmente agora que aguardamos a chegada desse novo membro da família, que também será muito amado por nós.

O príncipe, que olhava e ouvia atentamente a conversa, foi surpreendido pelo mago quando este lhe perguntou:

— Menininho, você já contou ao seu pai e à sua mãe sobre o seu medo?

Surpreso com a pergunta, o menino olhou para o mago, depois para os pais, e disse com a sua doçura e sabedoria características:

— Não, mago, eu não contei ainda!

Em seguida, Merlin indagou:

— E você quer contar?

— Sim — disse o menino, que agora dirigia seu olhar para o pai. — Na verdade, estou com muito medo de que você vá embora, e assim eu, minha mãe e meu irmão fiquemos sozinhos. Isso já aconteceu uma vez comigo e com a minha mãe.

O principezinho baixou a cabeça e começou a chorar. Seus pais, ao verem a profunda tristeza dele, também choraram. O pai do menino, um homem muito amoroso, disse a ele:

— Eu nunca deixarei você, meu filho, nem a sua mãe, nem o seu irmão. Essa é a nossa família e a nossa vida agora. Sempre ficarei com vocês.

O menino, a mãe e o pai se abraçaram e assim permaneceram por muito tempo, sentindo apenas o amor. Alguns poucos segundos se passaram quando a mãe disse ao garoto:

— Nossa, seu irmão acabou de dar um chute na minha barriga, acho que ele está concordando com seu pai e alegre porque ficaremos sempre juntos.

Assim, a família do príncipe seguiu unida e feliz, aguardando a chegada do seu irmão. O menino não teve mais dúvidas e não se sentia mais sozinho, nem com medo; tudo estava calmo e seguro agora.

— Fim dessa etapa! A vida tem movimento e segue o fluxo... e nunca sabemos o que vamos encontrar pela frente — profetizou o mago Merlin.

CONSIDERAÇÕES FINAIS

Ao escrever e ouvir a narrativa de vida configurada para a criança, oferecemos a ela possibilidades de dar sentido a fatos previamente experimentados como caóticos, confusos e desorganizados. As histórias contadas criam para ela uma configuração mais clara de uma situação acabada e elaborada. Segundo Mortola (*apud* Carroll, 2009), o processo de formação de uma narrativa completa que contenha cada um dos três elementos – *equilíbrio, desequilíbrio e equilíbrio modificado* – possibilita ao paciente trazer à consciência não apenas imagens, mas a figura mais plena de sua experiência, que são seus sentimentos, pensamentos, suas reações e posicionamentos perante a vida. Podemos considerar o uso da produção de narrativa uma ferramenta importante no processo de fechamento de Gestalten significativas da vida da pessoa.

REFERÊNCIAS

ANTONY, S. "Os ajustamentos criativos da criança em sofrimento: uma compreensão da Gestalt-terapia sobre as principais psicopatologias da infância". *Revista Estudos e Pesquisas em Psicologia*, v. 9, n. 2, 2009.

_____. *Cuidando de crianças: teoria e arte em Gestalt-terapia*. Curitiba: Juruá, 2012.

CARROLL, F. "Every child's life is worth a story: a tool for integration". In: CHANG, J. (org.). *Clinical activities in child therapy: creative applications in therapeutic practice*. Artigo publicado em 2009, obra no prelo.

HINDMAN, J. *Just before dawn*. Boise: Alexandria, 1989.

JULIANO, J. C. *A arte de restaurar histórias: libertando o diálogo*. São Paulo: Summus, 1999.

_____. *A vida, o tempo, a psicoterapia*. São Paulo: Summus, 2010.

MILLS, J. *Resgatando a magia da vida: histórias práticas para alegrar o coração e nutrir a alma*. Belo Horizonte: Diamante, 2006.

MILLS, J.; CROWLEY, R. *Therapeutic metaphors for children and the child within*. Nova York: Brunner-Routledge, 1986.

MORTOLA, P. *El método Oaklander: aprender Gestalt infanto-juvenil con juegos y arte*. Chile: Cuatro Vientos, 2010.

OAKLANDER, V. *Descobrindo crianças: abordagem gestáltica com crianças e adolescentes*. São Paulo: Summus, 1980.

_____. *El tesoro escondido: la vida interior de niños y adolescentes*. Chile: Cuatro Vientos, 2008.

PERLS, L. "Every novel is a case history". *Gestalt Journal*, v. XII, n. 2, 1989, p. 5-10.

POLSTER, E. *Every person's life is worth a novel*. Nova York: W. W. Norton & Company, 1987.

RANK, O. *O trauma do nascimento e seu significado para a psicanálise*. São Paulo: Cienbook, 2016.

SIEGEL, D. *A mente em desenvolvimento para uma neurobiologia de experiência interpessoal*. Lisboa: Instituto Piaget, 1999.

4 A VIDA É UMA CAIXA DE CHOCOLATES: A TERAPIA DE GRUPO COM CRIANÇAS

ROSANA ZANELLA

INTRODUÇÃO

No filme *Forest Gump* encontrei a frase que inspirou meu trabalho: "A vida é uma caixa de chocolates: você nunca sabe o que vai encontrar nela".

Com essa interessante metáfora, podemos refletir sobre os atendimentos clínicos de crianças em grupo. Os chocolates estão arrumados em caixas, mas cada bombom tem seu formato, seu sabor, sua cor. Sempre haverá uma surpresa.

Na vida cabem surpresas, pessoas, grupos. Convivemos com nossa família (nosso primeiro grupo), nossos amigos, nossos colegas de trabalho, pessoas que compartilham nossas crenças – grupos em que somos confirmados, grupos em que somos repudiados. Nossa vida é uma caixa de chocolates. Não sabemos as surpresas que ela nos oferece. Só quando experimentamos conhecemos seu sabor. Vamos então conversar sobre grupos de crianças e sobre atividades extramuros, o que denomino "expandindo fronteiras do consultório".

Trabalhar com grupos em psicoterapia é uma realidade nos dias de hoje e uma modalidade que requer do psicoterapeuta um olhar circular, do todo para as partes e das partes para o todo. Às vezes, um elemento representa o grupo inteiro, trazendo uma demanda comum. Em outras, há uma diversidade de assuntos trazidos e faz-se necessário eleger um tema a partir de uma escolha grupal ou emergente.

As modalidades de trabalho em grupo são diversas e podem ser aplicadas em consultórios, clínicas psicológicas, escolas e na clínica ampliada em caráter tanto preventivo quanto remediativo. As rodas de conversas tornaram-se comuns e não raro tomamos contato com grupos temáticos que contemplam necessidades próprias, como grupos para trabalhar aprendizagem, estimulação, sexualidade e gênero etc. Neste capítulo, descrevo um atendimento psicoterapêutico realizado por mim em consultório com um grupo de crianças, discorrendo sobre as diversas fases pelas quais tal grupo passa, recorrendo aos autores Kepner e Frew, além dos conceitos de campo de Lewin, entre outros.

CARACTERIZANDO GRUPOS

Começamos a vida e vivemos boa parte dela inseridos em grupos: a família de origem, a família estendida, nossos amigos, os colegas da escola, os colegas de trabalho – os grupos nos ajudam no reconhecimento do nosso eu, fazendo ou desfazendo introjeções e servindo como heterossuporte para nossa formação.

> Entende-se um grupo – seja ele uma família, uma classe de uma escola, um time esportivo, uma equipe de trabalho, um grupo terapêutico – sempre enquanto constelação de relações entre pessoas, papéis, atributos, funções, normas, padrões de comunicação etc. Como sistema, o grupo é composto de partes que, cada qual, também são sistemas e, por sua vez, o sistema-grupo insere-se como parte em outros sistemas. (Tellegen, 1984, p. 74)

Assim como uma Gestalt ou um todo compreende não a soma das partes, mas o inter-relacionamento delas, um grupo não constitui apenas a soma dos indivíduos que o compõem, mas um sistema único, uma configuração sistemática que envolve a inter-relação desses indivíduos (Zinker, 2007).

Dado esse conceito de totalidade, podemos dizer que cada grupo é único em sua formação e em sua dinâmica, pois cada elemento que o compõe traz consigo sua experiência de vida, que por sua vez está inserida dentro de outro grupo. O inter-relacionamento dos elementos e suas experiências constituem a dinâmica do grupo e esta também está em direta relação com o sistema no qual o grupo está inserido. Para Lewin (1983), as atitudes de um indivíduo ou as atitudes coletivas de um grupo só podem ser entendidas tomando-se os conjuntos sociais de que fazem parte. Além disso, esses conjuntos sociais são entendidos a partir dos pequenos grupos e dos indivíduos que os compõem.

Lewin conceituou campo social como uma Gestalt, uma totalidade dinâmica que se constitui por entidades sociais coexistentes, e elaborou quatro hipóteses para explicar a dinâmica de pequenos grupos:

1. O grupo é o terreno, a base sobre a qual o indivíduo se mantém.
2. O grupo é um instrumento para a satisfação das necessidades da pessoa.
3. O grupo é uma realidade da qual a pessoa faz parte e sua dinâmica interfere no crescimento.
4. O grupo é um dos determinantes do espaço vital para o indivíduo.

Podemos estender essa concepção social para o trabalho terapêutico, em que os fenômenos que ocorrem num grupo são compreendidos pela história de cada indivíduo, pelo inter-relacionamento entre os membros e pela inter-relação do grupo com o ambiente.

Ao refletirmos a respeito de grupos de crianças, percebemos que, além da experiência trazida de cada elemento e da inter-relação do grupo com o ambiente, o fator desenvolvimento também deve ser considerado, pois, de acordo com a idade dos membros, um fenômeno ocorrido no ambiente refletirá de maneira diversa em grupos de idades diferentes. Assim, um mesmo fato ocorrido influenciará a dinâmica de um grupo de acordo com sua configuração própria e os fatores sociais, culturais, biológicos e emocionais. Zinker (2007, p. 55) diz:

> O grupo é uma entidade orgânica, viva. E maior do que a soma de seus indivíduos. Esta figura, este organismo é um processo em constante mudança. A parte de sua qualidade dispersa no início e subsequente coesão, o grupo transforma-se: sua cor, seu prazer, seu lamento, seu senso de unidade, sua serenidade ou seus nervosos silêncios, sua intensidade de contato, bem como suas deflexões podem destacar-se a qualquer momento em sua vida.

O processo grupal não ocorre num estalar de dedos para que o contato se estabeleça, mas é na medida em que os membros do grupo se conhecem e que cada um se re-conhece que se tornam possíveis a ampliação da *awareness* e os episódios de contato. Nesse momento, em que cada indivíduo é capaz de reconhecer seus limites e suas potencialidades, é possível o crescimento grupal e o crescimento de cada um. Em linguagem de figura e fundo, este se torna mais rico, mais maleável, e as figuras que surgem incorporam-se a ele, formando um todo. Como afirma D'Acri (2014, p. 35),

> o ser humano é um ser relacional e seu crescimento ocorre na inter-relação entre eu e não eu, entre o que somos e o que não somos. Ele vive em seu meio pela manutenção de sua diferença, assimilando o ambiente à sua diferença. Por isso no ato de contatar outro ser humano há o reconhecimento desse outro, pois o outro é o não eu, o diferente, o novo, o que provoca estranheza

– e, quando se entra em contato com esse outro na fronteira, algo é assimilado e ambos crescem.

Assim, percebemos que um grupo pode ser promotor de crescimento quando existe contato e a inter-relação permite trocas e ajustamentos funcionais. A coesão e a confluência relacional podem nutrir o grupo como um todo.

FORMANDO GRUPOS

Minha primeira experiência com grupos em consultório foi uma atividade de férias, na qual reuni três grupos de crianças numa espécie de *workshop* com dinâmicas dirigidas, cujo objetivo era facilitar a expressão individual e o relacionamento interpessoal. Cada encontro teve duração de três horas e meia. Trabalhamos com música, expressão corporal, desenhos e argila. Fazíamos até a hora da merenda. Por meio deles, percebi a importância de formar um grupo terapêutico com crianças. Comecei a amadurecer essa ideia até tornar possível sua realização.

Meu primeiro grupo foi formado por meninos com idade entre 9 e 10 anos, com dificuldades escolares e autoestima rebaixada. Meu objetivo ao reuni-los em terapia grupal era fazê-los entrar em contato com outras figuras do seu campo, permitir se experienciarem para descobrir outras partes do eu escondidas pela figura do "não sou", ampliar seu autoconceito e conhecer suas polaridades por meio da troca de experiências e do relacionamento interpessoal. Comecei a prepará-los para a terapia grupal durante as sessões, objetivando as fantasias que poderiam surgir com essa proposta terapêutica.

Quando reunidos em grupo, as sessões eram realizadas semanalmente, com duração de 90 minutos cada, totalizando 36 sessões supervisionadas. A dinâmica desenvolvia-se da seguinte maneira: formávamos uma rodada inicial, em que cada um trazia fatos, novidades e até mesmo objetos para ser mostrados ao grupo. Os temas conversados durante essa fase ficavam em torno de acontecimentos escolares, familiares e de amigos, sendo essa a sequência escolhida por eles. Após essa conversa inicial, o grupo sugeria uma atividade a ser desenvolvida por todos; às vezes, atividades diferentes eram realizadas em duplas ou individualmente. Em outras ocasiões, uma atividade era proposta por mim e em geral aceita pelas crianças.

Nas sessões iniciais, eu participava mais ativamente das atividades propostas, não apenas fazendo intervenções, mas também brincando junto. Quando o grupo intensificou seu relacionamento interpessoal, passei a participar menos intensamente das brincadeiras, ficando num papel mais suportivo e entrando nos jogos quando solicitada ou orientando uma atividade proposta por mim (Zanella, 1992).

A partir desse atendimento, pude atender outros grupos de crianças e hoje essa se tornou uma atividade bastante gratificante, pois as crianças são capazes de se perceber e se dar *feedbacks* com muita propriedade. Trata-se de algo muito rico, assim como a acolhida que cada membro do grupo proporciona aos demais.

Após essa experiência, outros grupos foram formados com as mais variadas configurações: idade, queixa, sexo ou determinada característica que pudesse ser interessante para todos – como um adolescente que participou de sessões com crianças menores.

ETAPAS DO GRUPO

Kepner (1980), em seus grupos de psicoterapia, caracterizou três fases no desenvolvimento do processo terapêutico e as tarefas do terapeuta em cada uma delas:

1. **Identidade e dependência:** a identidade de cada integrante do grupo depende da maneira como ele é percebido pelos outros membros, incluindo o terapeuta. Nessa fase, sua tarefa é estimular o relacionamento com e entre os membros.
2. **Influência e contradependência:** nessa etapa, os membros desafiam as normas por meio de interrupções, expressões negativas para cada um, para o que está acontecendo ou para a autoridade do terapeuta. Sua tarefa aqui é trabalhar para intensificar diferenciação, divergência e flexibilidade entre os membros.
3. **Intimidade e interdependência:** nesse estágio ocorre um contato real entre os membros, em contraste com a pseudointimidade que havia no primeiro estágio. As interrupções do terapeuta encaminham-se para o fechamento do grupo.

Frew (1990) também identificou três fases no processo grupal:

- **Fase 1: orientação** – refere-se ao início do grupo, na qual seus membros estão concentrados na própria segurança e desejam ser incluídos ou aceitos por outros membros. As similaridades entre os indivíduos frequentemente são forçadas. Há uma dependência do terapeuta e pouco contato.
- **Fase 2: conflito** – nesse momento, os membros começam a se definir como grupo, emergindo poder e autoridade dentro dele. As diferenças entre os membros tornam-se evidentes, bem como os desafios. Durante essa fase, são comuns comportamentos de contradependência com o terapeuta, bem como há um início de contato interpessoal entre os membros.

- **Fase 3: coesão** – durante essa etapa, o relacionamento interpessoal se intensifica e o nível de participação dos membros permite uma atitude mais suportiva entre eles. Comportamentos de interdependência manifestam-se, o grupo alcança o pico de produtividade e seus membros orgulham-se e sentem-se satisfeitos de pertencer a ele.

Podemos verificar que as fases de desenvolvimento grupal propostas por Frew e Kepner sobrepõem-se. O processo grupal não ocorre num estalar de dedos para que o contato se estabeleça: é na medida em que os membros do grupo se conhecem e cada um se reconhece que se tornam possíveis a ampliação da *awareness* e os episódios de contato. Nesse momento, em que cada indivíduo é capaz de reconhecer seus limites e suas potencialidades, é possível o crescimento grupal e de cada um. Em linguagem de figura e fundo, este se torna mais rico, mais maleável, e as figuras que surgem incorporam-se a ele, formando um todo. É evidente que essas etapas não acontecem com um rigor didático. É sobretudo por meio da convivência do grupo que podemos perceber essa formação. Se um processo de crescimento ocorre num grupo de adultos, por que não esperar que ocorra o mesmo nos grupos com crianças, nos quais o desenvolvimento encontra-se fomentado pela maturação neurológica, pela escolaridade e pela incessante interação com o ambiente?

Em sua experiência com crianças, Oaklander (1980, p. 315) relatou:

> Os grupos têm a vantagem de ser uma espécie de mundinho ilhado, no qual o comportamento presente pode ser experienciado e novos comportamentos experimentados. O trabalho de grupo é a situação ideal para crianças que precisem praticar suas habilidades contatuais. Ao oferecer um palco para aquelas que têm dificuldade

em se relacionar com seus pares, estamos ajudando a descobrir e elaborar o que quer que esteja bloqueando esse processo natural.

Na escola, o grupo ao qual uma criança pertence – seja a classe, os subgrupos dentro da classe ou a própria escola – pode facilitar a aprendizagem, a interação com outras crianças, o questionamento de valores. Num grupo terapêutico, a criança tem a oportunidade de vivenciar suas possibilidades e até suas dificuldades, numa configuração que, embora menos protegida que a terapia individual, dá suporte aos membros, por ser mais protegida que as situações cotidianas da vida. No grupo a criança experiencia que seus sentimentos são aceitos pelo outro e que não está sozinha com seus problemas. Aprende, enfim, a ter responsabilidade por suas ações, desenvolvendo o autossuporte.

EXPANDINDO FRONTEIRAS NA TERAPIA DE GRUPO COM CRIANÇAS

Quando pensamos em ludoterapia ou psicoterapia infantil, vem-nos a imagem da tradicional caixa lúdica elaborada por Melanie Klein ou dos brinquedos que facilitam a expressão do conflito vivenciado pela criança. Nada mais correto. Nada mais suficiente. Ou não? Qual será o espaço terapêutico para os brinquedos que surgem nas prateleiras das lojas, alguns desafiadores, outros aparentemente sem significado? E com relação à psicoterapia de grupos?

A utilização dos recursos habituais usados em ludoterapia, bem como a introdução de novos jogos, pode propiciar uma nova relação da criança com sua problemática central, tornando-a interlocutora das próprias dificuldades e potencialidades. Assim, ela se torna agente de seu ajustamento criativo a serviço de seu crescimento. Segundo Zinker (2007, p. 17), a terapia é o processo de mudar a tomada de consciência e o comportamento. A condição *sine qua non* do processo criativo é a troca: a mudança de uma forma em outra, transformação de um símbolo em um *insight*, de um gesto em um novo conjunto de comportamentos, de um sonho em uma representação dramática.

Desse modo, a criatividade e a psicoterapia se interconectam em um nível fundamental: a transformação, a metamorfose, a troca. Conforme Zinker (2007, p. 17) afirma, "o terapeuta cria um espaço, um laboratório, um terreno experimental em que o cliente procede a uma ativa investigação de si mesmo como organismo vivo". A introdução de jogos que não têm o tradicional cunho terapêutico faz que o Gestalt-terapeuta entre em contato com sua criatividade. Ele se torna mais presente em sua relação com a criança e, juntos, dão uma nova configuração ao jogo, atribuindo-lhe um novo significado. O terapeuta nesse processo reporta-se à sua criança interna, exercitando seu lado lúdico.

A reconfiguração do significado de um jogo pode ampliar a fronteira do universo perceptual da criança, fazendo-a entrar mais em contato consigo mesma e com o outro. Ao expandir fronteiras, novas figuras se tornarão presentes, favorecendo a ampliação da *awareness*.

Na minha experiência como terapeuta, tenho o hábito de "passear" por prateleiras de lojas de brinquedos, às vezes comprando jogos diferentes que possam ser utilizados a serviço da expressão dos sentimentos da criança, de suas potencialidades e dificuldades. Ao reconfigurar o sentido de um jogo, seu objetivo inicial não é afastado, mas ampliado e por vezes ressignificado. Eis aqui algumas de minhas pérolas utilizadas em trabalhos com grupos de crianças:

1. Casinha

A tradicional casinha de madeira encontrada em lojas de brinquedos pedagógicos é utilizada em grupos da seguinte forma: cada criança cria uma história com a família terapêutica ou com bonecos e dramatiza enquanto o grupo assiste. Depois que cada criança elabora sua história, é a vez de a terapeuta fazer uma reunião de todas as histórias e contar a sua.

2. Jogos de tabuleiro

Os tradicionais jogos de tabuleiro adquirem novos significados quando se confere um caráter terapêutico a eles. Em minha experiência, a inter-relação que se dá entre os elementos de um grupo funciona como heterossuporte para cada um, proporcionando crescimento. O grupo também é motivador para o surgimento das possibilidades e como elemento da realidade de cada um. As potencialidades e limitações aparecem no grupo e podem ser trabalhadas pelo terapeuta.

3. Material plástico

Tintas, argila, colagem, massa de farinha, giz de cera, lápis de cor e outros tantos são materiais que evocam a projeção de conteúdos emocionais, cognitivos e corporais.

4. Sessões de cinema

Projeções de filmes e idas ao cinema mobilizam conteúdos que são compartilhados entre as crianças. Depois da projeção do filme *Up – Altas aventuras*, pedi que cada um desenhasse um sonho de aventura. Tivemos: andar de bicicleta com os *Backyardigans* (criança de 5 anos); uma aventura no Japão nos estúdios de mangá (pré-adolescente de 10 anos); uma aventura na Disney (criança de 8 anos). Em seguida, ampliamos a atividade para outros tipos de sonho que cada um tinha. A inter-relação do grupo durante o filme foi respeitosa levando-se em consideração diferentes idades, com direito a pipoca e guaraná.

5. Idas ao parque

Proporcionar uma visita a um parque é entrar em contato com a natureza e com uma experiência sensorial. Caminhar, pular, correr, sentar no chão para fazer argila, pular corda e outras brincadeiras de roda ampliam a *awareness* da criança, uma vez que novas vivências são experienciadas. Quando existe a possibilidade de os pais estarem presentes, a relação entre eles se reconfigura e os aproxima.

6. Idas a um parque temático

A experiência de brincar na montanha-russa, no carrossel, no trem-fantasma e em outras atrações permite que, em um ambiente seguro (terapeuticamente falando), a criança entre em contato com seus medos ("Não quero ir ao trem-fantasma, pois tenho medo") e de seu potencial ("Dessa vez consegui ir à montanha-russa!"), que reverberam em sessões posteriores.

7. Planetário

Olhar a projeção de um céu estrelado, ouvir uma explicação sobre os planetas do nosso universo provocaram curiosidade e facilitaram o diálogo em família, segundo relatos posteriores dos pais.

8. Casa do Papai Noel

Perto do Natal, visitamos um espaço denominado Vila do Papai Noel. A exposição mostrava bonecos com várias cenas remetendo à casa do bom velhinho, onde tivemos a oportunidade de escrever cartinhas de Natal. Nessa experiência, retomamos a velha lenda do Papai Noel, e mesmo aqueles que não mais acreditavam nele quiseram escrever cartas.

9. Atividades diversas

Reunir crianças para trabalhar com material específico – música, filme, argila, massa de biscuit, enfeites temáticos (Natal, Carnaval, Dia das Mães, Família) – é outra atividade que costumamos fazer, convidando também os irmãos e assim observando a interação entre eles. Esses grupos aleatórios nos revelam surpresas. Em um dos últimos, foram reunidas quatro crianças de 5 a 8 anos. Uma das meninas tem Transtorno do Espectro Autista (TEA) e não seguia as outras crianças. Um dos meninos olhou para mim e disse: "Ela é especial, né?" Com minha afirmativa, ele a acolheu e a ajudou na sessão inteira, carinhosamente.

Todas essas experiências permitem às crianças reconfigurar seu mundo, entrar em contato com suas possibilidades e limitações. Como afirma Oaklander (1980, p. 26),

> as crianças constroem um mundo de fantasias porque julgam seu mundo real difícil de viver [...] No entanto, essas fantasias são muito reais para essas crianças e amiúde são mantidas dentro, fazendo com que às vezes elas se comportem de maneiras inexplicáveis. Estas fantasias reais imaginadas com frequência despertam sentimentos de medo e ansiedade; elas precisam ser trazidas à luz para serem lidas e terem fim.

CONSIDERAÇÕES FINAIS

Durante o processo terapêutico, o grupo pode criar uma configuração que promove o desenvolvimento do autossuporte. Ao experienciar um conflito, uma dificuldade, cada membro tem a possibilidade de entrar em contato com suas polaridades saudáveis e desenvolvê-las com o heterossuporte do grupo. O relacionamento interpessoal em um ambiente acolhedor facilita o desenvolvimento de uma autoimagem positiva e talvez desconhecida anteriormente.

Além da riqueza do processo, o trabalho em grupo é também uma forma alternativa de atendimento condizente com a realidade social e uma forma possível de atendimento em instituições, onde nem sempre existem profissionais em número suficiente para trabalhos individuais. A clínica ampliada é uma das formas de atendimento em que a proposta de grupo é bem recebida.

Na abordagem gestáltica existem várias propostas quanto à forma de atendimento grupal. Com sessões mais dirigidas ou sessões abertas com atividades propostas pelo grupo, o terapeuta pode propor experimentos a partir de um tema comum, de modo que as leituras das sessões sirvam de base para as próximas interferências. A forma de condução depende do objetivo de cada grupo.

Ao expandir fronteiras do consultório, deparamos com um rico rol de atividades para ampliar a *awareness*, entrar em contato com a coordenação motora, desenvolver a orientação têmporo-espacial, além de habilidades de comunicação. Para cada grupo formado há uma necessidade que se configura, uma figura que emerge, uma intervenção criativa a ser feita pelo terapeuta.

Ser terapeuta de grupos de crianças nos mobiliza para a criatividade, para a escuta acurada, para o olhar circular e, sobretudo, para acolher amorosamente cada semente e nutri-la a fim de vê-la florescer. Cada grupo é uma vida diferente e a vida é como uma caixa de chocolates: sempre teremos surpresas! Cada surpresa revela uma singularidade. Cada singularidade traz um desafio!

REFERÊNCIAS

D'Acri, G. C. "Contato: funções, fases e ciclo de contato". In: Frazão, L. M.; Fukumitsu, K. O. (orgs.). *Gestalt-terapia: conceitos fundamentais.* São Paulo: Summus, 2014.

Frew, J. "A child's apprentice". *The Gestalt Journal,* v. 12, n. 2, 1990, p. 64-71.

Kepner, E. "Gestalt groups process". In: Feder, B.; Ronall, R. *Beyond the hot seat: Gestalt approaches to grow.* Nova York: Brunner/Mazel, 1980.

Lewin, K. [1948]. *Problemas de dinâmica de grupo.* São Paulo: Cultrix, 1983.

Oaklander, V. *Descobrindo crianças: a abordagem gestáltica com crianças e adolescentes.* São Paulo: Summus, 1980.

Tellegen, T. A. *Gestalt e grupos: uma perspectiva sistêmica.* São Paulo: Summus, 1984.

Zanella, R. *Contatuando com figura e fundo: uma contribuição à psicoterapia de grupo infantil na abordagem gestáltica em psicoterapia.* Dissertação (mestrado em Psicologia da Saúde), Universidade Metodista de São Paulo, São Bernardo do Campo (SP), 1992.

Zinker, J. *Processo criativo em Gestalt-terapia.* São Paulo: Summus, 2007.

VERGONHA E TRAUMA NO PROCESSO DE DESENVOLVIMENTO

CARLA POPPA

INTRODUÇÃO

De modo geral, quando nos referimos à vergonha no dia a dia, associamos essa sensação a um contexto de exposição ou humilhação. O senso comum nos leva a pensar que são situações com essas características que despertam as sensações associadas à vergonha na criança, ou até mesmo no adulto. No entanto, em artigos e livros, diferentes autores da Gestalt-terapia explicam que a vergonha não se restringe a tais contextos. Ela é apresentada como um fenômeno do campo, que pode ter uma dimensão tanto saudável quanto disfuncional, e parece representar a essência de diferentes ajustamentos criativos disfuncionais que são realizados na infância e, se não forem cuidados, acompanharão o indivíduo ao longo da vida (Lee, 2011; Wheeler, 1996; Yontef, 1996; Jacobs, 1996; Taylor, 2014).

O fenômeno da vergonha inclui, portanto, mais do que a sensação de exposição ou de ter feito algo errado. A essência da vergonha está relacionada com a necessidade de retração do contato. A vergonha é vivida sempre que existe um anseio em direção ao contato e percebemos que, por algum motivo, este não será possível. É a retração do movimento espontâneo em direção ao contato que dispara a experiência da vergonha (Lee, 2011).

Neste capítulo, pretendo apresentar como a vergonha pode ser vivida na sua dimensão saudável e como pode se tornar disfuncional, na medida em que a precariedade do suporte oferecido pelo campo leva a criança a introjetar a vergonha de base. Veremos também que esta se caracteriza como um trauma no processo de desenvolvimento, podendo levar a criança a realizar um ajustamento criativo dissociativo, o qual será ilustrado com uma vinheta clínica.

A VERGONHA E O TRAUMA NO PROCESSO DE DESENVOLVIMENTO

A vergonha vivida de maneira temporária ou passageira costuma ser denominada constrangimento ou embaraço. Trata-se de sensações despertadas em contextos nos quais o movimento que a criança realiza em direção à satisfação de uma necessidade não é bem recebido pelo outro ou pelo ambiente. Quando esses desencontros não são recorrentes, ou, ainda, quando a relação com a outra pessoa logo é restabelecida, o contato com a vergonha é passageiro e esta pode se tornar uma experiência saudável para a criança. Isso porque o constrangimento possibilita a assimilação de informações importantes sobre a necessidade de se ajustar a alguns lugares, de cuidar para não invadir as fronteiras do outro e de proteger a própria fronteira; além disso, ele representa a possibilidade de buscar outra maneira criativa de atender à sua necessidade (Lee, 2011).

Por outro lado, ao longo do seu processo de desenvolvimento, a criança pode vir a ser deixada na experiência da vergonha de maneira muito intensa ou prolongada. Isso acontece quando a figura das relações familiares é a falta de suporte dos cuidadores em relação às necessidades infantis. A dificuldade de sustentar essas necessidades costuma estar relacionada com algum obstáculo que compromete a capacidade dos pais de empatizar com a necessidade do(a) filho(a). Um autossuporte precário, crenças rígidas introjetadas ou mesmo falta de referências sobre cuidados são alguns deles (Poppa, 2018).

Nesses casos, é possível pensar que, ao fazer um movimento espontâneo para expressar sua necessidade, como o choro para expressar a tristeza provocada pelo desentendimento com um amigo, por exemplo, a criança pode não encontrar suporte para essa experiência e/ou ouvir algum comentário que invalide a tristeza que sente. Quando tais desencontros acontecem de maneira recorrente, ela precisa retrair o movimento espontâneo que realizava no sentido de expressar sua necessidade repetidas vezes e, com isso, o contato com a vergonha se torna comum.

Além da precariedade de suporte, os conflitos vividos em torno dos limites que precisam ser colocados para a criança no dia a dia das relações familiares também têm o potencial de promover seu contato com a vergonha de maneira prolongada.

Lee (2011) explica que, por volta do segundo ano de vida da criança, quando seu desenvolvimento motor avança e sua principal necessidade passa a ser a de explorar o ambiente ao seu redor, a maneira como os pais se relacionam com seu(sua) filho(a) muda radicalmente. Até então, a intenção deles – quando a empatia está preservada na relação e ambos conseguem agir como suporte para as necessidades da criança – é ajudá-lo(a) a concluir suas experiências em seus ciclos de contato, ou atender às necessidades que ele(a) expressa. Assim que o(a) pequeno(a) tem mais recursos para explorar o ambiente, a intenção dos pais muda e passa a ser interromper o movimento que ele(a) realiza, pois eles precisam mantê-lo(a) seguro(a) e, em algumas ocasiões, ajudá-lo(a) a se ajustar a determinadas regras e ambientes.

Para ilustrar esse movimento, basta pensar em cenas vividas por pais que têm filhos(as) nessa faixa etária. Quando a criança começa a andar e expressa sua necessidade de explorar o ambiente, ela pode tentar subir uma escada ou mexer em objetos pequenos ou perigosos. Nessas ocasiões, se os pais estiverem atentos, naturalmente vão colocar um limite, pedindo que a criança pare, ou contendo e limitando seu movimento fisicamente, segurando-a no colo ou tirando-a da escada, por exemplo.

Lee (2011) explica que todas essas situações em que os pais precisam colocar limites levam à interrupção da experiência da criança vivida em seu ciclo de contato. Como a criança precisa retrair seu movimento, é inevitável que ela entre em contato com a vergonha. Nesse momento, é fundamental que, após o conflito, a qualidade da relação seja restabelecida. Com isso, a vergonha é vivida de maneira passageira e logo assimilada.

Por outro lado, quando os pais ficam pessoalmente ofendidos de maneira desproporcional e retaliam a atitude do(a) filho(a), mudam a qualidade da relação e a criança permanece em contato com a vergonha por um período prolongado.

Assim, tanto as relações nas quais a precariedade de suporte para as necessidades da criança é a figura como aquelas nas quais os conflitos provocam uma ruptura significativa no vínculo carregam o potencial de fazer que o pequeno permaneça em contato com a vergonha por um tempo prolongado e de maneira recorrente. Essa dimensão da vergonha é denominada por Lee (2011) vergonha de base. É, portanto, o período durante o qual a criança permanece em contato com a vergonha que vai definir se essa experiência será vivida em sua dimensão saudável ou disfuncional.

Com a vergonha de base, a criança perde o acesso às necessidades que não encontraram suporte no passado, uma vez que estas se associam à vergonha. Isso significa que, sempre que uma situação no momento presente despertar uma dessas necessidades em seu organismo, a vergonha também será despertada, provocando sensações de inadequação, inferioridade e não pertencimento (Lee, 1996).

Como fica evidente o sofrimento imposto à criança pela vergonha de base, a afirmação feita por Lee (2011) parece uma constatação natural nesse contexto. O autor ressalta que a vergonha de base pode ser compreendida como um trauma no desenvolvimento infantil.

Assim, podemos ampliar a nossa compreensão a respeito dos prejuízos sofridos pela criança ao longo do seu processo de desenvolvimento em um campo no qual ela precisa retrair a expressão das suas necessidades de maneira recorrente pela precariedade de suporte. Taylor (2014) explica que as pessoas que vivenciaram um trauma no processo de desenvolvimento não criam os recursos neurofisiológicos para permanecer em contato com as sensações despertadas pelo surgimento de uma necessidade. Parece, portanto, que o trauma promove uma dessensibilizaçao das funções de contato, o que interrompe a experiência já na primeira fase do ciclo de contato. "As sensações e os impulsos não criam um registro na vida de clientes que sofreram com o trauma; por esse motivo, eles têm dificuldade de organizar uma figura clara em torno da *awareness* das necessidades" (Taylor, 2014, p. 116, tradução nossa).

Outro prejuízo no desenvolvimento da criança está relacionado ao momento da mobilização de energia no ciclo de contato. Mesmo quando ela consegue identificar uma necessidade, é possível que tenha dificuldade de mobilizar sua energia e agir. Taylor (2014) pontua que a imobilização costuma ser uma defesa nas relações que levam ao trauma no desenvolvimento. Dessa forma, a imobilização, assim como a dessensibilização, também seria um ajustamento criativo disfuncional provável no contexto do trauma.

Assim, com a vergonha de base e/ou o trauma no desenvolvimento, a criança não desenvolve os recursos essenciais para registrar as sensações despertadas pelo surgimento de uma necessidade, tampouco para mobilizar a energia na direção do contato. Como o desenvolvimento a partir da assimilação das experiências sustentadas pelo autossuporte fica comprometido, o *self* da criança passa a assimilar um fundo de informações a respeito de si mesma a partir da vergonha que é disparada com cada necessidade que não encontrou suporte nas experiências do passado. Com o tempo, ela cristaliza a crença de que é uma pessoa inadequada, diferente das outras (não no sentido de reconhecer a alteridade dos outros, mas no de sentir que não pertence ao grupo no qual convive) e inferior. Essas crenças cristalizadas são introjeções que passam a nortear suas escolhas e interações e ocupam, assim, o lugar de um falso autossuporte – restrito, rígido e rigoroso.

A maneira como tal dinâmica se desenvolve ao longo da vida é singular. É possível que a pessoa expresse a sensação constante de inadequação e busque isolamento, manifestando dificuldade de se desenvolver na vida escolar e/ou profissional e nas relações pessoais. Porém, é possível que haja um ajustamento criativo e, entre as crenças de inadequação e inferioridade a respeito de si mesma que introjetou, ela introjete também a crença de que precisa se esforçar muito para ter uma vida "normal", como a das outras pessoas, ou de que só pode contar consigo mesma.

Esse ajustamento criativo pode tornar a pessoa, aparentemente, bem-sucedida profissional e socialmente. O sofrimento, nesses casos, é revelado por sintomas que comunicam a vergonha, como vícios, relacionamentos abusivos e dependentes ou até mesmo uma independência excessiva (Wheeler, 1997).

Também é possível que o sofrimento seja revelado pela dissociação que costuma ser comunicada na relação terapêutica. Ao mesmo tempo que a pessoa tem recursos valiosos que lhe permitiram alcançar inúmeras conquistas ao longo da vida, ela não consegue acessá-los para cuidar do sofrimento provocado pelos sintomas que revelam a vergonha.

A fim de lidar com conflitos internos e manter algum tipo de vida normal, as vítimas de trauma tendem a se organizar em diferentes funções, uma que contém o trauma e outra que dá conta das tarefas da vida cotidiana, o que às vezes funciona muito bem. (Taylor, 2014, p. 136, tradução nossa)

Taylor (2014) afirma que, quando a pessoa sofre traumas em seu processo de desenvolvimento e, ao longo da vida, depara com um incidente traumático[1], pode vir a vivenciar o fenômeno do trauma complexo. Segundo o autor, este torna o indivíduo mais vulnerável ao desenvolvimento dos sintomas graves comumente associados ao transtorno de estresse pós-traumático, como depressão, ansiedade, transtorno bipolar, transtorno obsessivo-compulsivo, distúrbios alimentares, abuso de substâncias, automutilação ou transtorno de personalidade.

Dessa forma, em um contexto no qual a criança se desenvolve em contato com a vergonha de base e, a partir daí, realiza os ajustamentos criativos disfuncionais descritos anteriormente, ela se encontra em um estado de equilíbrio precário. Se ao longo da sua vida ela vivenciar um fato traumático,

---

[1] É importante notar que o incidente traumático que leva ao fenômeno do trauma complexo não é, necessariamente, um fato violento, como o senso comum nos leva a pensar, mas algo que é percebido como mudança abrupta e inesperada pelo indivíduo – inclusive, um acontecimento que parece positivo.

é possível que esse equilíbrio seja comprometido e ela venha a entrar em contato com o sofrimento não só provocado pelo evento traumático como também pela vergonha de base. Com isso, os sintomas relacionados ao estresse pós-traumático podem ser despertados. Nesse momento, a necessidade de suporte se torna urgente.

Se a vergonha de base e o trauma no desenvolvimento puderem ser tratados na infância, é provável que, mesmo diante de um incidente traumático no futuro, o desequilíbrio que o adulto sofrerá será menos intenso e, por isso, poderá ser superado sem que nenhum sintoma mais grave se desenvolva. A psicoterapia para crianças que sofrem com a vergonha de base representa, portanto, uma prevenção importante que pode evitar um sofrimento significativo no futuro.

Voltando a pensar no processo de desenvolvimento, vale destacar que, apesar de a criança introjetar diferentes crenças a respeito de si mesma, a vergonha de base é um fenômeno do campo e, desse modo, revela informações sobre seus cuidadores. Lee (2011) explica que, se houvesse um observador imparcial nas cenas em que ela vivenciou a vergonha por um período prolongado, ele notaria que não foi a criança quem agiu de maneira inadequada, mas sim seus cuidadores, que foram pouco empáticos ou tiveram dificuldade de manejar o conflito com ela.

Por esse motivo, o processo de psicoterapia com crianças precisa incluir o atendimento de seus pais ou cuidadores. É fundamental que os obstáculos que os impedem de se tornar suporte para as experiências do(a) filho(a) sejam identificados e cuidados. Além disso, nas sessões com a criança, a intenção é diminuir a intensidade do sofrimento provocado pela vergonha de base e oferecer apoio para que ela expresse suas necessidades e inicie seu desenvolvimento sustentada, cada vez mais, por um autossuporte autêntico.

Com a intenção de ilustrar possíveis sintomas relacionados à vergonha de base e como esse fenômeno pode ser expresso em uma relação terapêutica, apresento a seguir uma cena de uma sessão do processo de psicoterapia de um menino.

UMA VINHETA CLÍNICA QUE ILUSTRA A VERGONHA DE BASE

Pedro (nome fictício) tinha 6 anos quando começou o processo de psicoterapia. Quando os pais me procuraram, sua principal preocupação era a irritação do filho nas situações em que era contrariado. Os pais disseram que não sabiam como agir nessas ocasiões porque Pedro ficava "fora de si". Também contaram que, além de ter esse comportamento, o garoto era bastante tímido. Ele fazia aula de violão e tocava muito bem o instrumento, mas se recusava a participar das apresentações da escola de música. Tinha dificuldade também de interagir com as outras crianças nas festas de aniversário e na escola, e ficava muito agressivo quando perdia em jogos ou brincadeiras. Além disso, tinha episódios de terror noturno. Apesar dessa evidente fragilidade, sua habilidade com instrumentos musicais e nos esportes chamava bastante a atenção. Ele tocava violão e jogava futebol com uma destreza maior do que a da maioria das crianças da sua idade. Também era muito prestativo em relação às tarefas de casa, ajudava os pais a tirar a mesa após as refeições, lavava a louça, arrumava sua cama e suas roupas.

As primeiras sessões com Pedro foram muito difíceis, pois ele não queria entrar na sala sozinho. No momento em que o conheci, ele evitou o contato visual, olhou para baixo e se escondeu atrás do corpo da mãe. Depois de algumas semanas, aceitou entrar na sala, mas a porta precisava ficar aberta. Em uma das primeiras sessões com a porta fechada, pediu que eu pegasse duas cartolinas e propôs que cada um desenhasse em uma delas. Na minha, fiz um desenho de uma casa, um jardim e uma menina. Ele desenhou uma taça para seu time de futebol no dele. A todo momento, Pedro pedia para desenhar algo na minha cartolina, até que perguntou quem era a menina e eu respondi que era eu mesma. Ele pediu para fazer o rosto da menina e quando terminou ficou olhando para mim, e perguntou novamente se a menina do desenho era eu. Assenti, e ele desenhou um bigode.

Pedro riu bastante e voltou a desenhar na sua cartolina. Percebi que eu havia ficado bastante constrangida. Fiquei indecisa por alguns instantes sobre como responder a essa sensação, até que me dei conta de que o constrangimento provocado em mim poderia ser uma maneira de Pedro comunicar a vergonha que ele vivenciava, o que diminuiu meu desconforto. Continuei pintando o meu desenho e ele terminou o dele. Comecei, então, a contar uma história sobre o meu desenho. Disse que se eu percebesse que estava com um bigode no rosto ficaria com muita vergonha e iria correndo para casa, trancaria a porta para ninguém entrar e me ver daquele jeito. Ele pareceu gostar dessa história. Disse que ia entrar e se desenhou no meu desenho com uma chave. Falei que estava escondida embaixo da cama e ele respondeu que estava me vendo. Em seguida, Pedro disse que não era ele, e sim o meu pai, e estava me mandando sair dali. Então, afirmou que na escola todo mundo iria me ver com o bigode. Eu disse que iria tentar me encolher e esconder o rosto para disfarçar. Ele replicou que não iria adiantar porque o pai iria ficar na porta da escola olhando para mim. Respondi que então teria de fingir que estava me sentindo bem e tentaria brincar.

Comentei que as duas histórias eram bem opostas. Uma sobre vitória e a outra, ele mesmo completou, sobre derrota. Sugeri que seria bom se a menina participasse do time de futebol e se tornasse campeã, assim ela se sentiria um pouco orgulhosa de si mesma. Ele não disse nada. Contei novamente a história da menina. Ele ficou muito interessado e pediu que eu contasse uma história sobre o time campeão. Contei, e ele também se interessou bastante. Avisei que nosso tempo havia terminado e ele quis levar o desenho da taça, deixando o da menina na sala.

O tema da vergonha se repetiu nas sessões seguintes dessa mesma forma (expresso na minha cartolina, com os meus personagens, enquanto ele fazia um desenho relacionado com o futebol na cartolina dele). Até que, certo dia, Pedro pediu que eu o ajudasse a pintar a quadra de futebol que ele havia desenhado. Tratou-se de um pedido significativo para mim, pois foi a primeira vez que ele permitiu que nós compartilhássemos o mesmo desenho. Na sessão seguinte, para minha surpresa, ele chegou sorridente e entrou com facilidade na sala, permitindo que a porta fosse fechada com tranquilidade.

A história construída em conjunto por mim e Pedro comunica o seu sofrimento[2], que possivelmente era provocado pela vergonha de base. A sensação de inadequação, inferioridade e não pertencimento foi comunicada por ele, com o meu suporte, no meu desenho, a partir dos meus personagens. Esse distanciamento deve ser compreendido de duas maneiras diferentes. A sensação de inadequação pode sempre ser ampliada no momento em que a vergonha é comunicada, caso o interlocutor não acolha a comunicação. Nesse caso, o distanciamento na comunicação pode ser entendido como uma maneira que Pedro encontrou para evitar esse risco.

---

[2] Os cuidados que foram oferecidos ao Pedro nessa sessão e sustentaram a comunicação do seu sofrimento foram descritos e explicados no livro *O suporte para o contato* (Poppa, 2018).

Outra forma de compreender o movimento realizado por ele para comunicar a vergonha de base no meu desenho é por meio do início de um processo dissociativo. É possível supor que, em um contexto de precariedade de suporte, Pedro tenha introjetado a vergonha de base – o que foi comunicado no meu desenho – e realizado um ajustamento criativo que lhe permitiu investir sua energia para desenvolver habilidades musicais, esportivas e relacionadas com as tarefas do dia a dia – o que foi expresso no desenho dele. Com isso, o sofrimento associado à vergonha de base era mantido a certa distância. Esse ajustamento criativo parece ter-lhe oferecido algum sentido de continuidade até que o campo pudesse vir a lhe oferecer suporte para as suas necessidades.

É possível, portanto, compreender o terror noturno que ele enfrentava como um sintoma dessa dinâmica dissociativa, pois, ao chorar durante a noite, seu corpo estava acordado, expressando seu desconforto, enquanto sua mente continuava dormindo. O comportamento que os pais descreveram como "fora de si" em situações nas quais se sentia frustrado ou irritado também pode ser compreendido como um sintoma dessa dinâmica dissociativa: seu corpo estava chorando e gritando nessas ocasiões, mas sua mente não estava presente, o que impedia que qualquer gesto dos pais conseguisse acalmá-lo. A dissociação também era percebida pelos pais de maneira sutil no dia a dia. Diziam que "não combinava" o fato de a mesma criança que se mostrava tão habilidosa em algumas atividades demonstrasse tanta fragilidade em outros momentos.

Com essas experiências vividas com Pedro durante algumas sessões foi possível compreender também o sentido da sua agressividade nos momentos em que ele perdia no jogo ou numa brincadeira. A derrota era uma experiência muito desorganizadora para ele, pois remetia à sensação de inferioridade que já carregava com a vergonha de base.

Além disso, a timidez de Pedro na interação com outras crianças, ou até mesmo comigo, também pode ser compreendida como uma expressão direta da vergonha de base. Considerando que ele introjetara a informação de que havia algo estranho nele – como o bigode na minha personagem –, é compreensível que não se sentisse à vontade no contato com as outras pessoas.

Conforme Pedro expressou o sofrimento que carregava com a vergonha de base, foi possível supor que ele tenha usufruído de uma sensação de alívio e bem-estar, o que foi confirmado pela nova qualidade que a nossa relação assumiu e pelo relato de seus pais, que o percebiam mais tranquilo no dia a dia. Porém, ainda parecia necessário dar continuidade ao processo de psicoterapia, tanto para oferecer suporte às necessidades de Pedro que estavam, até então, associadas à vergonha de base quanto para cuidar dos seus pais, uma vez que a vergonha de base é um fenômeno do campo.

CONSIDERAÇÕES FINAIS

A vergonha é um fenômeno bastante estudado por autores da Gestalt-terapia. O crescente interesse por esse tema se justifica porque a dimensão disfuncional da vergonha, denominada vergonha de base, provoca um sofrimento intenso na criança. Tal sentimento é considerado um trauma no desenvolvimento e leva à introjeção de diferentes crenças a respeito de si mesma relacionadas com sensações de inadequação, inferioridade e não pertencimento. Nesse contexto, a criança pode vir a realizar um ajustamento criativo com características dissociativas, o qual a acompanhará até a vida adulta, caso não seja cuidado na infância.

A vinheta clínica de Pedro apresentada neste capítulo mostra a intensidade do sofrimento provocado pela vergonha de base e ilustra como um ajustamento criativo disfuncional com característica dissociativa pode surgir nesse contexto. Entender essa dinâmica é importante no estabelecimento do diálogo nas sessões com uma criança que sofre com a vergonha de base, enfatizando a importância de oferecer cuidados aos pais. Além disso, talvez, também contribua para que seja possível aproximar-se do sofrimento de adultos que enfrentam sintomas graves, dando um sentido para o ajustamento criativo que precisaram realizar ao longo da vida.

REFERÊNCIAS

JACOBS, L. "Shame in therapeutic dialogue". In: LEE, R.; WHEELER, G. *The voice of shame.* Califórnia: Gestalt Press, 1996, p. 297-314.

LEE, R. G. "Shame and the Gestalt model". In: LEE, R.; WHEELER, G. *The voice of shame.* Califórnia: Gestalt Press, 1996, p. 3-19.

_____. "Shame and belonging in childhood: the interaction between relationship and neurobiological development in the early years of life". In: LEE, R.; HARRIS, N. *Relational child, relational brain: development and therapy in childhood and adolescence.* Nova York: Gestalt Press, 2011, p. 55-74.

POPPA, C. *O suporte para o contato – Gestalt e infância.* São Paulo: Summus, 2018.

TAYLOR, M. *Trauma therapy and clinical practice – Neuroscience, Gestalt and the body.* Berkshire: Open University Press, 2014.

WHEELER, G. "Self and shame: a new paradigm for psychotherapy". In: LEE, R.; WHEELER, G. *The voice of shame.* Califórnia: Gestalt Press, 1996, p. 23-58.

____. "Self and shame: a Gestalt approach". *Gestalt Review*, v. 1, 1997, p. 21-224.

YONTEF, G. "Shame and guilt in Gestalt therapy". In: LEE, R.; WHEELER, G. *The voice of shame*. Califórnia: Gestalt Press, 1996, p. 351-80.

6 COMPREENDENDO A ENERGIA AGRESSIVA E A RAIVA NA CLÍNICA INFANTIL

FABIANA DE ZORZI

Este capítulo é o desdobramento de um dos módulos do curso que ministro sobre a energia agressiva e a raiva de crianças e adolescentes baseando-me no método Oaklander da abordagem gestáltica. No presente trabalho, uno a esse método conceitos desenvolvidos por Perls que antecedem a Gestalt-terapia, como o primado do organismo e a sua relação com o meio, reflexões sobre o conceito de agressão e a imponência de necessidades emergentes – todos de singular importância para a constituição e o crescimento do "eu" da criança. A visão existencialista de homem como vir a ser, com um potencial de autoatualização e autorrealização, respalda aqui uma conversação com o ser sensível e senciente, a partir da noção de corpo vivido desenvolvida na fenomenologia de Merleau-Ponty. O diálogo entre essas três bases – Oaklander, Perls e Merleau-Ponty –, juntamente com dois estudos de caso, possibilitará uma compreensão mais consistente sobre a diferenciação, a dinamicidade e a interlocução entre a energia agressiva e a raiva na clínica infantil.

Na obra *O tesouro escondido*, Violet Oaklander, autoridade mundial no processo terapêutico com crianças e adolescentes, desenvolve um verdadeiro compêndio sobre como compreender as diversas faces da raiva. A autora enfatiza que esta é a emoção menos tolerada de todas e que, desde muito cedo, as crianças aprendem a evitá-la. Acreditando que a raiva é perigosa, e muitas vezes fingindo não a sentir, acabam não aprendendo maneiras saudáveis e adequadas de expressá-la. Geralmente se aprende que não é bom senti-la, e isso acaba impactando de forma negativa a expressão espontânea e original da criança. A raiva reprimida ou não contida, segundo Oaklander (2012), é um dos principais motivos que trazem famílias para a terapia – o que vem sendo corroborado em meus achados clínicos.

Mortola (2016) ilustra, com muita criatividade, a analogia entre a raiva e a metáfora do urso interior. Ele explica que todos nós temos um urso muito forte dentro de nós, que por vezes pode ser perigoso e sair do controle, fazendo até certas maldades de propósito. Assim como todas as emoções que conhecemos, a raiva também é uma locução do eu. Porém, quando ela não encontra expressão, o "eu" estagna e se atrofia.

Em *Ego, fome e agressão*, Perls (2002, p. 176) faz menção a algumas distinções nesse sentido, quando tenta revisar a teoria e o método de Freud: "As pessoas que condenam a agressão e, não obstante, sabem que as repressões são nocivas aconselham a sublimação da agressão, conforme recomendado pela psicanálise para a libido. Mas será que podemos aconselhar a sublimação da agressão a qualquer preço?"

A proposta deste capítulo é compreender de que forma a mobilização da raiva e da energia agressiva (ou a falta desta) pode comprometer o crescimento da criança como um todo. Sobretudo, vamos considerar a energia agressiva, elemento teórico primordial na Gestalt-terapia, um auxílio do terapeuta no trabalho com a raiva reprimida ou manifestada desproporcionalmente. De antemão, pressupõe-se a energia agressiva como sinônimo de agressão física. Mas não é essa a concepção da Gestalt-terapia. Perls (2002, p. 178) diz que "a ira não é idêntica à agressão, mas encontra sua saída na agressão, na enervação do sistema motor, como meio de conquistar o objeto desejado". Partindo do significado etimológico da palavra "agressão", podemos compreendê-la como "o ato de ir em direção a". Portanto, precisamos da agressão para mobilizar ações de enfrentamento ao ambiente.

Ainda citando Mortola (2016, p. 13-17, tradução nossa) em relação à analogia com o urso interior,

> às vezes, o urso se zanga quando você falha e o time adversário acaba marcando pontos. Ele sobe nas suas costas e você sente as patas dele cravadas nos seus ombros e o hálito quente dele no seu pescoço, enquanto ele diz que você não é bom o bastante. [...] Ele poderá ajudá-lo sempre que você precisar dele, quando for necessário se defender de valentões, por exemplo, e também poderá oferecer ajuda para outros que precisem dele.

Mortola (2016) ilustra duas formas de aparição da energia agressiva. Na primeira, a criança volta toda a sua voracidade para si mesma: isso faz que ela desacredite das suas potencialidades e causa a estagnação do eu. Na segunda, tal energia a impulsiona a agir criativamente em direção à diminuição da tensão causada entre o seu organismo e o contexto com o qual esteja em contato. Ao mesmo tempo que ela pode usar a energia agressiva para ferir ou magoar alguém, também pode aprender a utilizá-la a seu favor, de forma positiva.

Assim, de maneira geral, podemos compreender a energia agressiva como a força que promove ações para uma abertura ao crescimento, à confirmação e validação do "eu". E é nessa abertura em direção ao mundo e ao outro que deparamos com as possibilidades e, por vezes, impossibilidades de vir a ser, de nos tornarmos aquilo que somos em essência.

Em nota do tempo em que lecionou no Collège de France, entre 1952 e 1961, período em que escrevia *O visível e o invisível*, Merleau-Ponty (2007, p. 435, tradução nossa) se refere ao homem como um ser de duas faces, "que é o que ele é e também o que ele não é, e a ser". Denota, em suma, um ser sensível e senciente, apto a receber impressões, bem como a imprimi-las ao mundo e a outrem. O autor inaugura o ato de olharmos para esse ser de duas faces a partir do que é visível da nossa constituição, em correlato a uma "in-visibilidade" do outro: "O visível está prenhe do invisível" (Merleau-Ponty, 2009, p. 236). Ao mesmo tempo que intenciona algo pleno a ser preenchido, é também a membrana que me une e me separa do outro. Não sou apenas um pedaço do visível, mas um corpo visível circundado por outros corpos, que vê e é visto. Nesse sentido, a fenomenologia de Merleau-Ponty contribui para pensar no ser de possibilidades e de projeto de um vir a ser ante um mundo sensível, esse da ordem que constitui o nosso laço com outrem. Diz ele (2009, p. 242):

> É um visível, mas vê-se vendo, meu olhar que lá o encontra sabe que está aqui, do lado dele – assim o corpo é posto de pé diante do mundo e o mundo de pé diante dele, e há entre ambos uma relação de abraço. E entre estes dois seres verticais não há fronteira, mas superfície de contato.

CORPOREIDADE E SUBJETIVIDADE

Desde que nasce, o ser encontra-se em constante desenvolvimento, exatamente por essa superfície de contato capaz de possibilitar impressões, apreensões e expressões entre ele e outrem. Merleau-Ponty (2009) enuncia o movimento da mão direita que toca e da mão esquerda que é tocada simultaneamente: já não se sabe qual toca e qual é tocada, o que se transforma num processo único. Ao passo que toco, também me sinto tocada. Sobretudo, só posso sentir o outro se eu estiver em movimento para percebê-lo. "São dois antros, duas aberturas, dois palcos onde algo vai acontecer – e ambos pertencem ao mesmo mundo, ao palco do Ser" (Merleau-Ponty, 2009, p. 237). É na experiência do corpo em movimento, e não na estagnação, que a transformação e o crescimento acontecem. E é nesse sentido que recorreremos à fenomenologia de Merleau-Ponty para compreender a energia agressiva na clínica com crianças.

Para o autor (2006a), o corpo é mais do que um corpo biológico: ele é um corpo vivido, que vivencia e experiencia, sendo isso que lhe confere o caráter de corporeidade. Não se trata de uma entidade isolada, pois afeta e é afetado no mundo por outros corpos vividos. Desde o nascimento, a criança é tecida por experiências mundanas, a partir de vivências de intercorporeidade. Se compreendemos corporeidade como a subjetividade que habita um corpo, intercorporeidade é o atravessamento[1] entre esses corpos habitados por suas subjetividades. Assim, a forma como os pais ou cuidadores da criança atendem às suas necessidades físicas e afetivas lhe permitirá desenvolver modos de resolução de suas necessidades e padrões específicos de relações pessoais.

Existem normas sociais convencionais que ditam como crianças, adolescentes e adultos devem se comportar, pensar e sentir. Tais normas, porém, nem sempre são compatíveis com a capacidade e a habilidade da criança de resolver a situação e satisfazer sua necessidade primordial. Alguns comportamentos de birra, ou por vezes aqueles apontados pelo senso comum como inadmissíveis, podem ser o "gesto expressivo" encontrado pela criança, naquele momento e naquele contexto, para atender à sua demanda.

---

[1] Termo utilizado por Merleau-Ponty, aqui, no sentido de entrelaçamento, afetamento; o ser atravessado por experiências mundanas, o que leva a um compartilhamento das experiências entre os corpos vividos.

Merleau-Ponty (2006a, p. 542) enfatiza que "somos não só um corpo sensorial, mas também um corpo portador de técnicas, estilos e condutas aos quais corresponde toda uma camada superior de objetos: objetos culturais aos quais as modalidades de nosso estilo corporal conferem certa fisionomia". Assim como o mundo, os valores culturais ou comportamentos de outrem ajudam a tecer o devir da criança, e esta infere de volta a sua produção de sentidos ante tal experiência, por meio de seus ajustamentos criadores.

A reação dos pais diante de tal gesto expressivo do filho, aquele considerado inapropriado, pode imprimir no pequeno a forma como ele deve apreender o mundo e ir em busca da sua demanda. Se não houver um entendimento ou uma articulação adequada dos pais para ajudá-lo a encontrar uma forma melhor de expressão emocional, possivelmente essa criança adquirirá maneiras disfuncionais de resolver seus problemas. Como exemplo, podemos pensar no abandono de sua busca por satisfação da necessidade principal em prol de manter o amor parental, uma vez que a maioria das crianças tem um retorno depreciativo de suas manifestações de birra, ouvindo frases como "que feio se comportar assim" ou "a mamãe está ficando muito chateada com isso".[2]

Em consequência das reações de incompreensão e intolerância recorrentes dos pais, a criança apreende que não apenas essa, mas a sua forma geral de resolução não são adequadas. Ela, então, introjeta que não sabe escolher, mas somente os pais; desse modo, segue a orientação de outrem em detrimento da própria. Introjetando comportamentos e

---

[2] Todo esse processo é referente ao mecanismo de introjeção, pelo qual a criança apreende normas sociais e ensinamentos dos pais no que condiz à moral e aos padrões construídos de comportamento e pensamento.

valores que não podem ser assimilados por não corresponderem a uma orientação genuína às suas necessidades, a criança compromete a sua função ego e acaba construindo identidade neurotizante, com pensamentos e conceitos distorcidos sobre si. Diz Merleau-Ponty (2006b, p. 546):

> Na realidade, a percepção de outrem não é apenas a operação dos estímulos exteriores, mas também depende em grande parte do modo como estabelecemos nossas relações com os outros antes dessa percepção: ela tem raízes em todo o nosso passado psicológico; cada percepção de outrem nunca é mais do que uma modalidade momentânea [...] mas há sempre uma relação mais profunda, relação de coexistência com o aspecto de outrem que se apresenta. Discernimos certa intenção em sua conduta, uma vez que nós mesmos estamos mergulhados em certo drama humano que codetermina essa percepção.

ABSORÇÃO DO MUNDO E INTROJEÇÃO

O coexistir por meio da relação entre corpos é um processo que ocorre desde as experiências mais remotas entre o bebê e seu meio. Descrevendo o bebê e aspectos de sua maturação neuropsicobiológica para alcançar o estágio de mordida, Perls (2002) nos ajuda a compreender a absorção do mundo em três diferentes fases: introjeção total (amamentação), introjeção parcial (mordida) e assimilação (mastigação). O autor postula "a similaridade estrutural das fases de nosso consumo de alimento com nossa absorção mental do mundo" (*ibidem*, p. 193).

A primeira fase, denominada introjeção total, é comparada com o início do processo de alimentação do bebê, o que Perls (2002) identifica como um morder dependente. O bebê não tem dentes e alimenta-se apenas por meio de sucção.

Assim, "toda a pessoa ou material introjetado permanece intacto, isolado, como um corpo estranho no sistema. O objeto foi engolido" (*ibidem*, p. 195). É possível considerar esse ato a primeira absorção de mundo pela criança, que servirá de orientação à constituição identitária de sua subjetividade e identidade.

Concomitantemente à absorção de hábitos e valores culturais, evidencia-se uma plasticidade do bebê a partir de suas necessidades e dos recursos que tem à sua disposição. Se, por algum motivo, o seio materno não produz leite suficiente e o bebê é obrigado a utilizar a gengiva na tentativa de processar outros alimentos, isso o levará a uma limitação no processo de assimilação.

Uma disparidade acontece com os bebês que prosseguem com a amamentação mesmo com os dentes já nascidos. "A diferenciação entre o seio, que deve ser deixado intacto, e o alimento, que deve ser mordido, mastigado e destruído, não ocorre" (Perls, 2002, p. 201). A agressividade normal para a qual está destinada a função de morder dos dentes ficará sem função, e a energia agressiva sofrerá contenção de sua expressão.

Essa disfunção na expressão da energia agressiva comprometerá a segunda fase do processo de assimilação, a introjeção parcial, prejudicando também a definição dos contornos da sua subjetividade em construção (valores, afetos, costumes). Na introjeção parcial, a criança tem a oportunidade de experimentar o que o meio lhe oferece, selecionando o que será introjetado ou não, dando contorno e forma à sua subjetividade, em direção a uma fisionomia identitária. Em relação à assimilação, Perls (2002, p. 197) ainda ressalta que

qualquer introjeção, total ou parcial, deve passar pelo moinho dos molares trituradores, para não se tornar ou continuar um corpo estranho [...] e para obter um funcionamento adequado da personalidade é necessário dissolver, ao analisar esse ego substancial e reorganizar e assimilar suas energias.

Assim como Perls, Merleau-Ponty (2009, p. 237) alude ao desenvolvimento da criança uma reversibilidade no que condiz: "Não existe o Para Si e o Para Outrem. Eles são o outro lado um do outro. Eis por que se incorporam ao outro: projeção-introjeção. Existe essa linha, essa superfície, fronteira a alguma distância diante de mim, onde se realiza a mudança eu-outrem, outrem-eu".

Em conformidade, ambos os autores – seja com o instinto da fome de Perls ou com o ser sensível e senciente de Merleau-Ponty – observam uma inter-relação entre a mãe e o bebê. Merleau-Ponty (2006a, 2006b) confirma a orientação identitária com base na experiência de outrem. Afirma ele (2006a, p. 251) que

o sentido dos gestos não é dado, mas compreendido, quer dizer, retomado por um ato do espectador. [...] Obtém-se a comunicação ou a compreensão dos gestos pela reciprocidade entre minhas intenções e os gestos do outro, entre meus gestos e intenções legíveis na conduta do outro. [...] O gesto que testemunho desenha em pontilhado um objeto intencional. Esse objeto torna-se atual e é plenamente compreendido quando os poderes de meu corpo se ajustam a ele e o recobrem. O gesto está diante de mim como uma questão, ele me indica certos pontos sensíveis do mundo, convida-me a encontrá-lo ali.

A fisionomia do eu toma forma a partir das experiências mais remotas – do contato na experiência da amamentação e nos cuidados básicos com a mãe e os cuidadores à reação dos pais diante das primeiras expressões de raiva da criança.

A percepção que ela tem de reações recorrentes do adulto ou do meio para com ela pontilha as modalidades de contato incorporadas ao longo da vida.

A criança absorve de seu meio, de sua experiência mundana, os recursos necessários para o seu contato com outrem. A comunicação e a relação intercorpórea, a relação entre o corpo da mãe e o do bebê, são fundamentalmente a base de todo esse construto.

Antony (2012, p. 37) salienta que "as forças interatuantes dos componentes do campo irão determinar um comportamento, um padrão de comunicação, de interação, uma patologia, uma personalidade". Assim, a recorrência do modo como os pais estão com a criança contribui, por exemplo, para fomentar sintomas ou até mesmo patologias. Acrescenta a autora (2018, p. 41):

> Devido a essa maneira de se expressar, seus movimentos são capturados pelo olhar do outro que lhe dá o significado de inconveniente, errado, inapropriado, perturbador [...] o distúrbio, portanto, é relacional. Emerge da relação vivida entre a criança e o outro significativo, que inclui o dizer, o sentir, o pensar, alheio sobre seu modo de estar no mundo. À vista disso, o sintoma psicomotor desenvolve com, para e pelo outro.

Levando-se em conta a criança como um ser sensível e senciente, é importante que o terapeuta possa identificar a fisionomia da energia agressiva apresentada por ela, de que forma ela apreende o mundo e se expressa diante dele e com o próprio terapeuta. É preciso investir atenção em gestos que possam desvelar os significados das experiências vividas pela criança, a forma como seu corpo se movimenta, manifestando ou contendo a energia agressiva e a agressividade. Muitas vezes tais manifestações são tão sublimes que é necessária muita sensibilidade por parte do terapeuta para compreender a forma apresentada.

Caso a energia agressiva produzida para sanar o desconforto de uma necessidade não encontre uma boa forma de expressão, pode ficar contida no corpo, gerando assim tensão corporal e emocional, o que Oaklander (2012) define como raiva retrofletida – tema sobre o qual discorreremos em seguida, entrelaçando a energia agressiva, a raiva e suas facetas.

ENERGIA AGRESSIVA E RAIVA

É importante que o terapeuta distinga a energia agressiva da raiva porque a criança necessita tomar consciência da primeira para conseguir expressar adequadamente a segunda. Algumas crianças tímidas ou introvertidas não conseguem acessar a energia agressiva eficientemente para exteriorizar uma ação apropriada. Outras estão com toda a energia voltada em excesso para fora, para além de suas fronteiras, o que indica não haver apoio interno para sustentar suas ações. A energia agressiva é o que fornece força interna e autossuporte para a mobilização de uma ação, no sentido tanto construtivo quanto destrutivo (Oaklander, 2012).

Muitas situações de trauma, abandono ou abuso acabam causando uma paralisação da energia agressiva e da nutrição do eu. A energia agressiva é uma potência em repouso, e quando aterrada por essas situações não consegue ser acessada. Sejam quais forem os motivos do não acesso, a energia pode ser trabalhada na clínica no sentido de a criança tomar consciência de que precisa dela para desenvolver o autossuporte e fortalecer o senso de eu.

Em uma época em que trabalhava com equitação terapêutica, eu levava muitos pacientes do consultório para estar com os cavalos, no intuito de mobilizar essa energia. O cavalo ajuda a criança não só a acessar sua energia agressiva para fazer que ele responda aos seus comandos, mas também a modelar a intensidade da sua energia para adquirir uma boa qualidade de contato. Comandos com intensidade fraca, por exemplo, não garantem ao cavalo uma comunicação nítida do que se quer dele, e ele não atenderá ao que lhe é requerido. O investimento da energia agressiva de forma exacerbada, ao contrário, pode assustar o animal.

Dentro do consultório, outras atividades podem ser utilizadas para mobilizar a energia, como lutar com espadas de borracha ou espaguetes de piscina, quebrar objetos de argila, tocar tambor, chocar bonecos, miniaturas ou automóveis, fazer briga de fantoches ou corrida de sopro em bolas de algodão. Outras terapeutas utilizam também a estratégia de esmagar tomates. Todas essas atividades podem ser muito eficientes, desde que haja, anteriormente a elas, o estabelecimento da relação dialógica entre a criança e o profissional, baseada na confiança, no respeito, na mutualidade e na presença que permitem que o processo de contato aconteça. É por meio dessa relação consolidada entre a criança e o terapeuta que as experiências propostas atingirão seus objetivos em prol do crescimento emocional.

Oaklander (*apud* Mortola, 2010) enfatiza que, além de diferenciarmos a energia agressiva da raiva, devemos considerar duas modalidades desta: a cotidiana e a inacabada. A primeira diz respeito àquelas situações do dia a dia que podem ir de pequenos incômodos a grandes expressões de fúria; a segunda se refere a situações de abuso (sexual, físico, emocional), abandono na tenra idade e Gestalten abertas do passado. Tanto uma quanto a outra só podem ser trabalhadas e compreendidas na proeminência de uma boa relação terapêutica, que envolve segurança em si e no terapeuta.

Um trabalho eficiente com a raiva consiste ainda em três fases (Oaklander, 2012). Na primeira, ajudamos a criança a compreender que está tudo bem em ter esse sentimento. Muitas vezes ela se assusta com a possibilidade de sentir raiva por pessoas pelas quais nutre afeto, e trabalhar com as polaridades é um importante exercício para integrar as divisões dentro de si mesma. Essa é a fase em que trabalhamos com a raiva em geral, efetuando perguntas norteadoras, como: "Que coisas te fazem sentir raiva?", "Como a raiva é sentida no seu corpo?", "O que você faz quando sente raiva?" Embora precisem ter consciência da forma como se expressam, as crianças não compreendem seus movimentos de projeção (por vezes atacando o mundo a partir de algo seu que esteja muito vulnerável), de deflexão (fingindo não sentir raiva, por exemplo) e de retroflexão (voltando a raiva em direção a si, em vez de diretamente à fonte que a gerou).

Por vezes, o processo da retroflexão é encontrado em pacientes adultos, quando a raiva se evidencia em forma de culpa. Revisitando experiências remotas desses indivíduos, encontramos crianças que cresceram acreditando que tudo que sentiam ou faziam era errado. Não tendo uma validação do eu e de seus sentimentos, a expressão da raiva é facilmente identificada por eles próprios como errada ou inadequada e, assim, gera culpa.

Depois que a criança consegue identificar quando está com raiva, de que forma esta se manifesta e que não há problema em senti-la, podemos prosseguir para a segunda fase discriminada por Oaklander (2012). Nesta, ajudamos os pequenos a buscar formas melhores de manifestá-la, seja diretamente a quem a gerou, seja em particular, de forma indireta, para que não haja outros prejuízos. Acessar a raiva pode causar problemas quando sua expressão fica fora do controle, com gritos ou grosserias.

O terapeuta, então, ensina à criança diversas formas de trabalhar com a raiva. Se não pode falar diretamente sobre seus sentimentos com quem os causou, pode falar com um amigo, escrever uma carta, ou ainda pintar sua raiva, apertar pedaços de argila ou massa de modelar, rasgar revistas, correr, gritar dentro de uma almofada, socar um joão-bobo. Enfim, vários são os recursos utilizados para que a raiva se esgote e a criança cesse o movimento de agredir a si própria e ao meio.

O senso de si mesma se fortalece e, aos poucos, ela vai se tornando apta a validar o que se passa consigo não como algo errado, mas como algo real que está ali e precisa ser exteriorizado, construindo novas formas de lidar com a raiva e a agressividade. É muito importante que a família aprenda a abordar situações geradoras de raiva, no sentido de os pais e a criança poderem se dizer certas coisas que lhes agradam ou desagradam e assim manter um bom canal de comunicação e um ambiente propício para o desenvolvimento infantil saudável.

Na terceira fase, a criança descobre movimentos de raiva ocultos gerados por situações de trauma. Esse tipo de raiva muitas vezes é desconhecido pela própria criança, por estar demasiadamente velado. Ter consciência da raiva por pessoas queridas – por exemplo, no abuso – costuma ser muito desintegrador para ela. Mesmo assim, tal raiva pode ser denunciada, por exemplo, por interrupções em seu desenvolvimento ou desempenho escolar, bem como por pesadelos, medos, maus-tratos a animais ou a amigos. Por vezes, o terapeuta também consegue identificar esse sentimento em algo dito pelos pais ou por observar na sessão com a criança expressões que apontem indícios de defesa ou ataque exacerbados para aquela situação. São comportamentos que expressam raiva sem nenhum pretexto aparente, como destruir objetos de argila, desenhar e fazer expressões de monstros, ou mesmo escolher miniaturas de espanto e terror na caixa de areia.

Em geral, todos esses comportamentos são gerados pela emoção da raiva. Depois que a criança se apropria e toma consciência do que está acontecendo consigo, torna-se capaz de identificar a situação geradora da raiva e de trabalhar diretamente com ela.

CASO CLÍNICO 1 – AGNES E A FORÇA PROPULSORA

Agnes (nome fictício) representa uma dessas situações subliminares em que, apesar de nenhum trauma aparente, algo se faz presente. Esse nome foi escolhido em virtude da representatividade da personagem do filme *Meu malvado favorito* em mais de um de seus trabalhos na caixa de areia. No filme, Agnes é uma falante menina de 5 anos, montada em um unicórnio, com uma vivacidade que não é da ordem do visível na paciente em questão.

Tenho como regra sempre receber a criança junto com os pais na primeira sessão, para compreender o que de fato traz a família à terapia e qual é a sua dinâmica. Deixar que a forma do funcionamento do campo fale por si é muito desvelador. Em contrapartida, respeito o fluxo do fenômeno, para que ele se apresente da forma mais íntegra possível. Quando um dos responsáveis solicita vir só, assim o recebo e deixo que o fenômeno tome o seu contorno mais nítido.

No caso de Agnes, os pais buscaram ajuda para compreender o que acontecia com a menina de 11 anos que, por mais dedicada que se apresentasse, não conseguia obter uma produção satisfatória na escola. Os pais falavam e respondiam na maior parte da entrevista, de forma ávida e preocupada. Agnes, por sua vez, apertava as mãos contra as pernas e, quando pressionada pelos pais a responder, limitava-se a chorar um choro comprimido e doído.

Em contrapartida, nas sessões individuais, mostrava-se bastante falante e feliz. Entoava uma narrativa, em um enquadre um tanto adulto, sobre como seria certo ou não se comportar. Seus olhos expressavam uma agilidade que destoava da apresentação rígida do resto do corpo, quase como uma bússola buscando fora de si a direção para onde se orientar. Essa mesma energia sempre tomava expressão por meio de suas mãos. Em dada sessão, Agnes pôde dar voz aos seus movimentos com as mãos, que, ao mesmo tempo inquietantes, se escondiam para dentro da manga de sua blusa. Em outra, subsequente, ela falava de sua dificuldade de apresentar trabalhos, sobretudo em ocasiões em que seus pais estivessem presentes, e do receio de desapontar a mãe.

A conformidade com as limitações externas era a forma mais nítida de a energia agressiva de Agnes se apresentar. Como não houvera grandes mudanças em sua produtividade escolar, Agnes foi transferida pelos pais da escola privada para a pública. Comunicou-me o ocorrido de forma bastante serena, em um discurso propriamente adulto, informando até que ponto esse investimento financeiro poderia ser mais bem utilizado nas atividades familiares, como viagens.

Agnes era incapaz de sentir raiva. Levando-se em conta que ela estava enfim adaptada à escola e vinha desenvolvendo uma forte afetividade com as colegas – o que para ela era uma conquista por já ter trocado de escola antes –, esse distanciamento seria, no mínimo, um propulsor de desconforto – ou, por que não, de raiva.

A energia de seu desejo estava direcionada a permanecer na escola, mas, como as mãos insistentemente cobertas pelas mangas movimentavam-se, precisávamos trazer à luz seus sentimentos escondidos. Perguntei a Agnes se havia alguma atividade na sessão por meio da qual pudesse expressar o que se passava com ela naquele momento. Agnes tem uma inclinação natural para os trabalhos manuais e escolheu trabalhar com a massinha de modelar.

Assim como a birra sinaliza, em muitos casos, o esforço da criança para alcançar o que deseja por uma via de acesso inadequada no meio, fugindo dos parâmetros de consenso social[3], a tentativa de não sentir raiva representa um gesto expressivo disfuncional. No caso de Agnes, são evidentes a conformidade e a esquiva dos seus desejos, o que acarreta uma estagnação do eu. A luta da criança para satisfazer suas necessidades indica sua luta em direção a um fortalecimento do eu.

> O adolescente, assim como a criança pequena, luta para fortalecer o eu. Quando o jovem pode ser assertivo e direto com respeito a seus gostos, desejos e necessidades, e quando sua raiva é aceita e respeitada, seu trabalho de individuação é facilitado. (Oaklander, 2012, p. 103, tradução nossa)

Um importante movimento acerca do trabalho com crianças e suas famílias é retirá-las da posição de passividade, quando os pais as trazem ao consultório para "ser consertadas". O Gestalt-terapeuta concede à criança a capacidade de ser autora da própria história e possibilita que ela projete, por meio de recursos lúdicos, seu mundo vivido. Com base nessa experiência projetiva, o terapeuta ajuda a criança a criar recursos e a conceber uma forma melhor de satisfazer sua necessidade original.

No caso de Agnes, pude acompanhar o movimento da energia estagnada dentro das fronteiras de seu corpo, o que

---

[3] Ser uma criança obediente, amável, socialmente admirada, tudo que se espera de um comportamento socialmente polido.

lhe causava ansiedade e agitação. Como vimos, há um momento no processo de desenvolvimento da criança pequena em que ela introjeta valores e crenças do contexto no qual está inserida. Essa é uma importante etapa para a construção de sua identidade. Ademais, ao longo de seu desenvolvimento, tais valores e crenças começam a ser mais bem refletidos e por vezes questionados. E isso não se inicia na adolescência, como normalmente se pensa, mas é um processo que acontece desde os períodos iniciais de desenvolvimento. Como exemplo, lembremos a chamada "crise dos 2 anos", ou *terrible two*, explicitada por pais e pediatras.

Aquele bebê amável, que arranca suspiros dos pais, começa a apresentar choros incessantes e crises de birra. Aquilo que Perls (2002) aponta como ter sido engolido inteiro para sua estruturação identitária inicial agora passa a causar desconforto na criança pequena, uma vez que ela passa a se apropriar de certa autonomia na satisfação de suas necessidades. O desfecho que os pais oferecem para a sua satisfação nem sempre lhe serve mais. Algumas crianças mobilizam a energia agressiva em direção ao que acreditam ser a melhor forma de satisfazer suas necessidades originais. Em outras, essa mobilização não acontece.

Por temer perder o amor dos pais ou por não querer desapontá-los, algumas crianças nem sequer vão em busca de outra forma de resolver suas necessidades, de se ajustar criativamente. A energia estagna, o dar-se conta do que realmente necessita não toma forma e a expressão não acontece.

Como um corpo produtor de sentidos, Agnes, por sua vez, utiliza as mãos para expressar e dar forma ao que está pontilhado dentro de si. Ao visualizar, externa e concretamente, o que seu corpo está produzindo, a criança consegue nomear de forma mais clara o que se passa nela e assim se torna capaz de resolver melhor as situações e necessidades que precisam ser satisfeitas em dado momento. Tanto as mãos quanto o corpo todo de Agnes pareceram estar inclinados a dar vazão a pressões que precisavam ser externadas. Observei que, concomitantemente à experiência com as mãos, a menina apresentou ainda uma crise de tosse e precisou ir ao banheiro antes do final da sessão.

Em outra situação subsequente, relatou sua dificuldade diante da tarefa escolar de construir um vulcão. No decorrer da conversa, perguntei a ela se aceitaria interpretá-lo, dramatizando como seria "ser o vulcão". Afastei o sofá e sentei-me no chão, enquanto Agnes procurava uma posição para a dramatização. Ajoelhou-se e, com os braços estendidos em direção ao chão, começou a fazer pequenos movimentos, como se de fato a energia do vulcão estivesse sendo mobilizada. Pedi que ela exagerasse ainda mais e, conforme a intensidade foi aumentando, Agnes levantou-se rápido, estendendo os braços e dizendo que a lava estava jorrando.

Dando continuidade a esse processo de exploração de sua capacidade expressiva, sugeri então que ela interpretasse a lava que saía do vulcão. Com gestos muito delicados, Agnes foi se levantando e suavemente erguendo os braços, como que saindo do vulcão. Muito espontaneamente, soltei um "Ah, que meigo... Jura que é assim que a lava sai de um vulcão?". Agnes deu uma risada gostosa e, nesse clima de descontração e de muitas tentativas, ela se concentrou, verbalizando para si mesma que precisava ser mais agressiva. "Isso! Procure dentro de você; essa energia está aí", pontuei.

Oaklander (*apud* Mortola, 2010) destaca que as crianças podem ter dois tipos de problema com sua energia agressiva natural: ou a reprimem demais, como no caso de Agnes, ou a exteriorizam demais e se descontrolam, como no caso que explanaremos a seguir.

CASO CLÍNICO 2 – IRACEBETH ATRAVÉS DO ESPELHO: A BUSCA DE UMA VALIDAÇÃO

Iracebeth é o nome da Rainha Vermelha no filme *Alice através do espelho*. A personagem foi escolhida pela paciente, uma menina de 12 anos, em um trabalho com fantoches para representar polaridades depois que ela tentou suicídio por duas vezes. Os motivos pelos quais Iracebeth e seus pais chegaram ao consultório foram o descontrole das expressões de raiva da menina e a sua baixa produtividade escolar, a qual já vinha acontecendo havia algum tempo, acompanhada de desavenças interpessoais com colegas e de situações de *bullying* sofridas por ela. Mas o que de fato serviu de gatilho para a busca de ajuda foi uma briga com agressões físicas entre pai e filha, por ela ter sido proibida de ir a uma festa.

No campo familiar, a menina era tratada como rainha. Se gritasse do quarto pela mãe, esta ia correndo atendê-la. O pai, embora tentasse dar algum contorno, contendo determinados comportamentos, era destronado pela mãe por ser ausente – e a menina precisava ser compensada de alguma forma pela falta de harmonia familiar. Esse movimento fazia que crescesse ainda mais a Rainha Vermelha dentro dela.

Se, no processo de Agnes, percebemos a energia estagnada, em que ela precisava verificar com outrem a adequação ou não da sua resolução – sem pensar nem questionar a validade deste em detrimento da sua necessidade primordial –, nessa outra situação Iracebeth não só se apropriava da resolução como normalmente a projetava para o meio sem nenhum contorno ou suporte.

Na história *Alice através do espelho*, a Rainha Vermelha sofreu quando criança uma espécie de sequela devido à ingestão de veneno: sua cabeça cresceu desproporcionalmente. Ao tornar-se rainha, pensava retomar o respeito de quem a desafiava, ordenando: "Cortem-lhe a cabeça!" Podemos identificar aí uma projeção. Iracebeth não tem boa autoestima e sua energia agressiva é despejada para fora. Assim como a personagem do filme, ela se mostrava autoritária, se descontrolava com facilidade e, ao menor sinal de desrespeito, canalizava destrutivamente toda a sua energia, física ou verbalmente, em direção a outrem. A Rainha Vermelha não era má, mas alguém ferida que necessitava de cuidados. Iracebeth também.

A energia agressiva pode ser explorada por meio de experiências estritamente corporais, ajudando a pessoa a sentir mais a si mesma, a ter uma melhor percepção de si e de suas capacidades (Oaklander *apud* Mortola, 2010). A validação e o autoconhecimento de quem é tornam a criança mais apta a lidar com o que lhe evoca dor e raiva. O processo com a paciente em questão se deu com recursos que oferecessem a possibilidade de ela visualizar, no ambiente, suas partes desejadas e indesejadas, a fim de que descobríssemos os fragmentos que ela não conseguia integrar ao seu eu.

O trabalho com a argila realizado com Iracebeth foi utilizado nesse sentido. A experiência com argila por si só é muito cinestésica e permite à criança montar e desmontar, integrar e desintegrar quantas vezes forem necessárias e desejadas. Inicialmente, orienta-se a criança sobre como entrar em contato com o material, sentindo sua temperatura, seu peso, sua densidade. À medida que aumenta a familiaridade com o material, começa-se a propor movimentos providos de mais energia, como bater na argila, furá-la, jogá-la no chão por repetidas vezes e, por fim, jogá-la com a máxima força possível, soltando um urro com muita vontade. Até que sua experiência atinja essa intensidade, é necessário que a criança confie na terapeuta e em suas orientações de exploração das capacidades internas, que muitas vezes ela própria desconhece.

Por vezes, a criança teme sujar a si e ao ambiente, pois a argila realmente se esparrama e se dilacera com a mesma fúria com que sua raiva precisa ser extravasada. Quando percebo qualquer sinal de contenção nesse sentido, asseguro a ela que, depois de secar, a argila é facilmente removida com uma esponja seca. É importante que a criança tenha a segurança de que a expressão de sua energia agressiva ou de sua raiva não precisa ser sentida como algo devastador ou que venha a lhe causar prejuízos.

No caso de Iracebeth, havia uma facilidade enorme de experimentar e explorar a potência de sua energia. Após esse primeiro momento, convidei a menina a dar forma ao pedaço de argila, o qual agora carregava muito de sua energia. Pedi que ela entrasse em contato com a argila e deixasse suas mãos exprimirem o sentimento que se passava com ela naquele momento. Iracebeth esboçou na argila um rosto com expressão de fúria e uma boca aberta – segundo ela, como se estivesse urrando num grito de dor. No decorrer do processo, conversamos sobre a produção de sentidos que havia naquele rosto esculpido. A menina saiu de uma posição de vítima e concedeu dentes à expressão materializada na argila. Perguntei se ela identificava aquilo de alguma forma em sua vida e ela disse que sim: quando as colegas a chamavam de feia, ela era tomada de muita raiva e tinha vontade de bater nelas, e de fato batia. A falta de autonutrição abria espaço para a desqualificação dela por outrem, quando, na verdade, o que procurava era a validação de qualidades que não reconhecia em si.

Apesar da pouca idade, a menina namorava havia seis meses, com o acompanhamento da mãe em almoços, passeios ao *shopping* e em outras atividades do jovem casal. Quando o menino terminou o namoro, toda a sua energia, voltada para esse relacionamento e para todos os que pudessem lhe faltar com o respeito ou ameaçar seu romance, voltou contra si própria, o que a levou a tentar suicídio duas vezes. É importante salientar que, se a raiva não sai em direção à fonte que a gerou, ela volta para a pessoa, ficando retida e criando sintomas autodestrutivos e somáticos, como os apresentados em ideação suicida ou em comportamentos autolesivos. A esse mecanismo de contato damos o nome de retroflexão.

Foi necessário intervir de forma imediata, com a administração de psicofármacos, contendo, assim, o desenfreamento de sua energia agressiva. Do ponto de vista psicoterápico, dei continuidade às intervenções no contexto familiar, realocando a menina a seu lugar de filha. Em paralelo, fiz um trabalho com ela e a família, no sentido de compreenderem a distinção entre raiva, energia agressiva e retroflexão.

Uma das intervenções que utilizei para trabalhar o campo familiar foi a da caixa de areia, recurso que desenvolvo com crianças e pelo qual os adultos também se interessam. Ele possibilita intervenções desde o início de processos psicoterápicos, em fase diagnóstica, assim como em quaisquer outras fases.

Senti a necessidade de um encontro com mãe e filha – ou, explicando melhor, de um contato entre elas. Ao mesmo tempo que a mãe demonstrava necessidades muito fortes de confluência com a menina, esta desempenhava um papel crescente em busca de autonomia. Esses movimentos se tornaram ainda mais nítidos ao longo da sessão proposta.

Em meio ao processo, a mãe mostrou-se encantada com as miniaturas da caixa de areia, naquele dia expostas[4], então as convidei para fazer algum tipo de trabalho. Sugeri que cada

---

[4] Normalmente, as miniaturas ficam guardadas por trás de um painel, mas, em situações em que tenho intenções de uso com o paciente, deixo-as expostas. Por vezes, o simples fato de estarem ali dispensa qualquer tipo de convite ao trabalho. A exposição das miniaturas é o próprio convite, captando a atenção do paciente.

uma escolhesse duas miniaturas. Orientei-as que separassem uma que representasse a si mesma e outra que representasse como cada uma imaginava que a outra a enxergava. Cada uma estaria construindo a sua própria representação de como se vê, atravessada pela forma como pensava que a outra a via. Vieram muitas informações pertinentes ao processo, mas a que mais teve peso foi a miniatura escolhida pela mãe na representação de si própria: a mesma personagem escolhida pela menina em sessões anteriores, a Rainha Vermelha. Diferenciar a própria história da história da mãe oferece possibilidades de proteção contra situações nocivas e de fomento de seu próprio processo de preservação e valoração. Quando estamos intoxicados do que não é nosso, é difícil deixar o novo entrar e deixar as toxinas (o que não é nosso) saírem.

Esse processo de confluência com a mãe tende a prejudicar o contorno identitário da menina, considerando-se a própria dificuldade dos pais de possibilitar limites a ela e de ela própria desenvolver uma melhor forma de expressão com o mundo. Um contorno que permita conter e preservar o que é seu e ainda assim propicie uma troca saudável com o meio favorece o seu crescimento, ao mesmo tempo que a protege de ataques externos.

Quando a energia agressiva de Iracebeth volta contra si própria, acontece uma tentativa de aniquilamento de elementos externos e invasivos que não lhe pertencem e os quais não consegue tolerar e compreender. Definir o contorno de sua identidade é possibilitar que seus projetos de vida sejam ressaltados e sua constituição de "eu" seja validada.

CONSIDERAÇÕES FINAIS

Tanto no caso de Agnes quanto no de Iracebeth, a família foi muito presente e pertinente no acompanhamento. Isso se deu pelo bom vínculo construído com eles nas sessões iniciais, embasado em um contrato consistente sobre como deveria funcionar o processo terapêutico. Como referido, sempre dou preferência à entrevista inicial com os pais, ou com um deles, mas sobretudo em conjunto com a criança. Porém, quando intervenções mais pontuais se fazem necessárias, com um ou ambos os pais, sem a criança, faço um combinado com ela do que posso ou não abordar acerca do que trabalhamos nas sessões, desde que não esteja entre as pautas uma condição que ponha em risco a sua integridade.

Em um ambiente de confiança e segurança, de verdadeira escuta, a criança e a família constroem um canal de comunicação. Lavratti (2018, p. 62) reconhece em seu trabalho a mesma direção, em que ela observa:

> Nas famílias onde o processo psicoterapêutico obtém êxito no esclarecimento acerca da importância da criação de canais de comunicação mais fluidos e horizontalizados entre pais e filhos, emerge uma probabilidade de gerenciamento funcional dos conflitos que mobilizaram a busca por atendimento assim como para outros conflitos tangenciais à queixa inicial.

A partir do funcionamento do campo, no qual cada criança está inserida, podemos compreender diferentes modos de expressão de energia agressiva. Aí reside a importância de mantermos a família em um trabalho paralelo, como pano de fundo, ao qual recorreremos como ajuste dos recursos para essas expressões. Ensinar a criança e a família a lidar com a raiva de forma direta e clara é muito importante para a própria dinâmica familiar e, sobretudo, para a preservação da fluidez da energia agressiva. Em outras palavras, representa uma intervenção no processo de corregulação que se passa entre a criança e o contexto familiar.

O sintoma da criança precisa ser contemplado como a tentativa de ela se autorregular no atual contexto. A autorregulação ocorre por meio do ajustamento criador voltado para a tentativa de organizar o fundo de vividos, a constituição histórica de seus sintomas e de sua vida. O sintoma, tanto quanto as elipses da narração gráfica, possui um sentido desvelador:

> Conforme o tempo que vivemos o presente ainda toca, ainda segura pela mão o passado, tem uma estranha coexistência com ele, e apenas as elipses da narração gráfica podem exprimir esse movimento da história que salta seu presente em direção a seu futuro, assim como "a sobreposição" exprime a coexistência dos aspectos invisíveis e dos aspectos visíveis do objeto, ou a presença secreta do objeto dentro do móvel onde foi guardado. (Merleau-Ponty, 2012, p. 244)

A presença de aspectos visíveis e invisíveis requer, por meio do sintoma, desvelar o guardado, para que o presente possa seguir segurando pela mão o passado em direção ao futuro de modo fluido e genuíno. As experiências vividas na clínica com o Gestalt-terapeuta servirão como codados[5], os quais serão utilizados pela criança como recurso libertador do sintoma e de sua energia agressiva em direção ao fortalecimento do eu. Como bem protagoniza Oaklander (2012, p. 228, tradução nossa):

> Creio que a energia desempenha um importante papel no enriquecimento do eu. Muitas vezes falo de ajudar as crianças a encontrar

---

[5] Experiências vividas com o terapeuta retidas em seu fundo de vividos, e que servirão para auxiliá-lo em seus ajustamentos criadores posteriores ao *setting* terapêutico.

a sua energia agressiva. Não me refiro a esse tipo de agressão que machuca ou prejudica as pessoas. Me refiro a uma energia que permite à criança sentir toda a força de seu poder, ela mesma, e apresenta-se ao mundo com direitos.

O nível e a direção da energia agressiva determinarão a qualidade de contato da criança com o seu mundo e a construção ou destruição dele. Os modos de contato[6], muitas vezes disfuncionais, são apenas a tentativa de ela conseguir se manter em contato com outrem, seja por meio da confluência, querendo agradar a todo o momento; seja por meio da introjeção, sobrepondo a escolha do outro em detrimento de sua própria; seja por meio da retroflexão, roendo unhas ou fazendo sentir em seu próprio corpo a dor que gostaria de provocar no outro devido a uma raiva não expressa.

As flexões servem para amenizar o possível desconforto de um encontro. Ao mesmo tempo, sucumbir a raiva facilita ao indivíduo conviver com situações ou pessoas abusadoras ou invasivas. Nesse sentido, poder identificar, aceitar a raiva e administrá-la possibilita um movimento restaurador, no sentido de preservação e aquisição de melhores contornos[7].

Nós, como psicoterapeutas, precisamos ajudar a criança a modular a energia agressiva em direção ao fortalecimento de seu eu. Se a mãe ou o pai reagem de forma negativa a uma expressão de raiva da criança pequena, ela compreenderá que expressar raiva é inadequado, podendo correr o risco de perder o amor deles. Mas, se os pais a ajudarem, de modo firme e amoroso, a expressar a raiva adequadamente,

---

[6] Mecanismos de contato, concernentes às suas possibilidades de flexões, de Robine (2016).

[7] Com possibilidades de melhores formas, ou modos mais assertivos ao crescimento.

ela conseguirá, dentro de suas possibilidades, adequar sua necessidade ao contexto no qual está inserida.

Quando esse movimento não acontece naturalmente, a criança denuncia, quer seja por meio de comportamentos disfuncionais, quer seja por desvio do desenvolvimento emocional saudável, e, geralmente, é nessas situações que a família busca ajuda. O sintoma é escancarado e a criança precisa ser escutada.

A raiva encobre a tristeza e a dor. É preciso extravasar a raiva para poder acessar essas emoções e restabelecer a fluidez da energia agressiva. Só então conseguiremos compreender qual a necessidade que a criança busca ser atendida na relação com o outro, aquilo que seus pais não lhe proporcionam, não porque não querem, mas porque não sabem ou não conseguem.

REFERÊNCIAS

ANTONY, S. *Cuidando de crianças: teoria e arte em Gestalt-terapia.* Curitiba: Juruá, 2012.

_____. *Criança hiperativa & Gestalt-terapia: seu modo de sentir, pensar e agir.* Curitiba: Juruá, 2018.

LAVRATTI, C. "Reflexões sobre a prática clínica com crianças em Gestalt-terapia: as vicissitudes de um caminho". In: LAVRATTI, C. (org.). *Gestalt-terapia infanto-juvenil: práticas clínicas contemporâneas.* Curitiba: Juruá, 2018, p. 53-63.

MERLEAU-PONTY, M. *Signes.* Paris: Éditions Gallimard, 1960.

_____. *Fenomenologia da percepção.* São Paulo: Martins Fontes, 2006a.

_____. *Psicologia e pedagogia da criança.* São Paulo: Martins Fontes, 2006b.

_____. "New working notes from the period of the visible and the invisible". In: TOADVINE, T.; LAWLOR, L. (orgs.). *The Merleau-Ponty reader.* Illinois: Northwestern University Press, 2007, p. 415-46.

_____. *O visível e o invisível.* São Paulo: Perspectiva, 2009.

_____. *A prosa do mundo.* São Paulo: Cosac Naify, 2012.

Mortola, P. *El método Oaklander.* Santiago: Cuatro Vientos, 2010.

_____.*The bear inside.* Portland: 19th Avenue Press, 2016.

Oaklander, V. *El tesoro escondido: la vida interior de niños y adolescentes.* Santiago: Cuatro Vientos, 2012.

Perls, F. *Ego, fome e agressão.* São Paulo: Summus, 2002.

Robine, J.-M. Comunicação oral no curso "Contato como experiência primeira. Seu desenvolvimento e suas disfunções", organizado pelo Centro de Estudos em Gestalt-Terapia de Santa Catarina, Joinville, 2016.

A EXPERIÊNCIA SENSORIAL COM CRIANÇAS NA CLÍNICA DA NEUROSE

LUCIANA AGUIAR

INTRODUÇÃO

No final da década de 1970, a norte-americana Violet Oaklander, em *Descobrindo crianças: a abordagem gestáltica com crianças e adolescentes* (1978), dedicou um capítulo inteiro para listar uma série de atividades que envolvem a exploração dos sentidos nos pequenos em psicoterapia.

Segundo a autora, as crianças chegavam às sessões desconectadas de seus sentidos, e um dos aspectos da tarefa terapêutica seria exatamente propiciar formas de reconexão que pudessem devolver-lhes um sentido unificado de si, e, a partir disso, a possibilidade de se relacionarem de forma mais satisfatória no mundo.

> Neste livro inteiro escrevo sobre como proporcionar à criança experiências que a tragam de volta para si mesma, experiências que renovem e fortaleçam sua consciência daqueles sentidos básicos que o bebê descobre e nos quais floresce: visão, som, tato, paladar e olfato. É através deles que experienciamos a nós mesmos e estabelecemos contato com o mundo. (Oaklander, 1978, p. 131)

Nesse livro são apresentadas várias propostas de experimento para cada um dos sentidos – visão, audição, olfato, paladar e tato – e também para a exploração do gestual e do movimento corporal. Apesar de serem propostas bem interessantes e com rico potencial terapêutico, ao nos debruçarmos sobre elas – nos dias de hoje – constatamos a necessidade de revisitá-las tendo três pontos como parâmetro:

1. As diferenças entre a cultura norte-americana e a brasileira. Apesar dos efeitos da globalização, crianças brasileiras são em muitos aspectos diferentes das norte-americanas. Portanto, ao utilizá-las em nossa clínica, precisamos ponderar em que medida elas fazem sentido para os pacientes que estão diante de nós.

2. O volume brutal de transformações tecnológicas vividas na história nos últimos 40 anos, o que interferiu na forma como os sentidos são solicitados, desenvolvidos e interrompidos ao longo do desenvolvimento infantil.

3. A necessidade de uma fundamentação teórica para o uso psicoterapêutico de tais propostas, de modo que elas possam ser usadas com clareza e propósito, com crianças que apresentam uma vulnerabilidade do tipo neurótica em seu processo de contato e sempre submetidas aos pressupostos fenomenológicos da abordagem. Essa distinção é necessária porque a compreensão das formas psicóticas de ajustamento, bem como de crianças que se encontram no espectro autista, demanda outra postura do psicoterapeuta e outro tipo de fazer clínico, sobre o qual Oaklander não se debruçou em seu texto e o qual não será objeto de nosso olhar.

Assim, nos dias de hoje, retomar a importância do trabalho de resgate e exploração dos sentidos em crianças que chegam à psicoterapia demanda que comecemos com a pontuação de quatro aspectos:

1. A maioria dessas crianças é hiperestimulada pela parafernália eletrônica presente na vida cotidiana e pelo uso

contínuo e sem limites de uma diversidade de telas, que sobrecarregam particularmente seus olhos e ouvidos. Então, além de precisarmos lidar com uma possível desconexão dos sentidos, temos uma variável nova – a sobrecarga destes –, o que contribui para uma vida anestesiada e desconectada do mundo off-line.

2. A hiperestimulação produzida por estímulos artificiais desconecta e dessensibiliza as crianças com relação aos demais estímulos ambientais naturais, bem como às pessoas que as cercam, mantendo-as em um isolamento que restringe suas experiências no mundo e suas possibilidades de aprendizagem formal e informal.

3. A sobrecarga dos sentidos imposta nos últimos anos às crianças pelo uso excessivo de tecnologia é somente uma parte, embora significativa, da questão central do funcionamento neurótico, que pode ser traduzida como uma obstrução, distorção ou desconexão entre aquilo que elas experimentam na relação organismo-ambiente e as ações perpetradas no mundo em busca da satisfação de suas necessidades.

4. Toda e qualquer intervenção realizada com o objetivo de reconectar as crianças aos seus sentidos acontecerá a partir daquilo que elas trarão para a psicoterapia por meio da escolha livre dos recursos lúdicos e brincadeiras – e não como atividades estruturadas previamente pelo psicoterapeuta e aplicadas no contexto terapêutico.

Tendo como base os aspectos citados, apontarei o papel dos sentidos na visão de ser humano e de desenvolvimento saudável preconizada pela Gestalt-terapia e pelos recentes estudos da neurociência. Descreverei também como as crianças podem precisar interromper ou distorcer seu uso, bem como propostas de intervenção para o resgate de seu funcionamento saudável, as quais costumo utilizar na clínica com crianças.

O PAPEL DOS SENTIDOS NO DESENVOLVIMENTO INFANTIL: DO QUE AS CRIANÇAS PRECISAM?

Nos últimos anos, assistimos a uma exposição cada vez mais precoce das crianças a uma diversidade de estímulos com a promessa de aproveitar suas "janelas de oportunidade"[1] de desenvolvimento. Partindo de uma compreensão um tanto equivocada das descobertas da neurociência, toda uma indústria se desenvolveu para fornecer aos pais uma série de dispositivos para facilitar, auxiliar ou estimular o desenvolvimento dos pequenos.

No entanto, Siegel (*apud* L'Ecuyer, 2015, p. 42) nos fala que as crianças precisam tão somente de um "ambiente médio" e de uma "quantidade mínima" de estimulação que permitam que elas estabeleçam relações de apego seguras com seus adultos cuidadores, bem como explorem o ambiente em que vivem por meio do livre brincar de acordo com cada faixa etária. A presença de um adulto cuidador sensível e a possibilidade de exploração livre do mundo que as cerca são condições essenciais para um desenvolvimento saudável. A centralidade desses dois aspectos para um desenvolvimento saudável é compartilhada pela Gestalt-terapia, que compreende o ser humano como alguém que se constrói nas relações que estabelece e nas experiências de interação com o mundo do qual faz parte (Aguiar, 2014).

---

[1] Termo cunhado pela neurociência para designar momentos cruciais do desenvolvimento em que a aquisição de algumas habilidades pode acontecer de forma eficaz.

Ao contrário do que muitos pais supõem – e na contramão de diversos "profissionais da parentalidade" –, não há necessidade de suprir as crianças com mais estímulos para que elas se desenvolvam mais rápido e melhor. Ainda de acordo com Siegel (*apud* L'Ecuyer, 2015, p. 43, grifos nossos),

mais importante que um excesso de estimulação sensorial durante os primeiros anos de desenvolvimento *são os padrões de interação entre a criança e o cuidador*. A interação interpessoal colaborativa e não a estimulação sensorial excessiva seria o segredo de um desenvolvimento saudável.

Suprir a criança pequena com toda a sorte de brinquedos eletrônicos, presenteá-la com um *tablet* antes mesmo de ela conseguir sentar no carrinho ou estimulá-la com jogos educativos on-line: tudo isso parece suprir mais a necessidade dos pais, perpassados pelo que L'Ecuyer (2019) chama de "neuromitos", do que propriamente as necessidades apresentadas pela criança. No entanto, a superestimulação está presente de forma permanente no ambiente em que se encontra a maioria das crianças na atualidade. Segundo L'Ecuyer (2015), estudos recentes demonstram que a estimulação veiculada pelas telas bombardeia-as diariamente com o que seria materialmente impossível de se viver em seu ambiente real, na vida fora da tela.

Com base nisso, a autora levanta uma questão que muito nos interessa como Gestalt-terapeutas: com tanta estimulação, não seria de estranhar que as crianças ficassem tão entediadas, impacientes e nervosas ao voltarem para o mundo real, já que estão acostumadas com doses intensas de estimulação e as recebem de forma absolutamente passiva, o que solapa a emergência e o desdobramento da grande força motora do seu desenvolvimento: a curiosidade.

Com seus sentidos adormecidos pelo excesso de estímulos e informações, a criança perde a capacidade de se assombrar com os detalhes do cotidiano, com as inúmeras novidades que o mundo traz a cada momento: seus sentidos tornam-se passivos ao que se impõe por meio das imagens das telas e não mais são despertados pela beleza e complexidade do mundo ao vivo, com suas cores, formas, sabores, cheiros, texturas e mistérios.

"As telas estridentes turvam a única aprendizagem permanente que existe na criança: a de descobrir por si mesma e no seu ritmo o mundo pela primeira vez" (L'Ecuyer, 2015, p. 53). Se compreendemos o desenvolvimento infantil como um processo ininterrupto e gradativo de assimilação da novidade que o mundo oferece, em sua diversidade e complexidade, o que dizer a respeito do desenvolvimento de uma criança que passa o dia imóvel olhando para imagens cada vez mais rápidas, ouvindo sons e jargões repetidos e relacionando-se com avatares? O que uma criança pequena aprende a respeito do mundo e das relações entre pessoas se o seu corpo não é usado para exploração e sua curiosidade não é aguçada pelos mistérios do cotidiano?

Esse é um dos desafios que a contemporaneidade traz para pais, educadores e, sobretudo, para o psicoterapeuta de crianças, pois a todo momento deparamos na clínica com a tarefa de problematizar com os responsáveis que nos procuram o tipo de estimulação que vem sendo oferecida aos pequenos a título de auxílio no processo de desenvolvimento. Muitas vezes, os pais relatam o receio de que seus filhos percam o "bonde da tecnologia", já que tais crianças atendem pelo que se convencionou chamar de "nativos digitais". Em relação a esse tópico, costumo apontar a absoluta falta de garantias a respeito do futuro; mais do que nunca, vivemos em uma época de rápidas transformações e não temos a menor possibilidade de saber com certeza o que as crianças que hoje têm 4 ou 5 anos precisarão daqui a 15 ou 20 anos. Tentar "prepará-las" para isso é arriscar perder tempo e recursos valiosos forçando-as a aprender coisas que podem se tornar obsoletas rapidamente e impedindo-as de se envolver livremente em situações que as ajudarão a construir características importantes em qualquer época da vida e marcadoras de saúde em uma visão gestáltica de ser humano: flexibilidade, criatividade e capacidade de lidar com mudanças.

A visão gestáltica de ser humano concebe-o como alguém em constante transformação, aberto para a assimilação das novidades que se apresentam ao longo de sua vida, apto a flexibilizar suas verdades e escolhas, em um sucessivo e ininterrupto processo de autorregulação organísmica e de ajustamentos criativos. A única certeza que temos é a da mudança, do constante devir; portanto, a grande habilidade a ser adquirida e aperfeiçoada é a capacidade de criar alternativas de satisfação na interação com o mundo a cada momento, a partir do que nos for apresentado. A capacidade criadora é o nosso maior tesouro a ser preservado, e qualquer tecnologia desenvolvida precisa favorecê-la e não a embotar.

Com isso, cabe ressaltar que não estamos advogando a exclusão digital na infância, mas o uso cuidadoso e controlado das novas tecnologias. A Organização Mundial da Saúde (2019) aconselha que crianças menores de 2 anos não utilizem telas como recreação; às que estão entre 2 e 5 anos, que utilizem no máximo uma hora por dia, e às maiores de 5 anos, no máximo duas horas por dia.

Deixemos então que as crianças exercitem e desenvolvam seus sentidos prioritariamente na diversidade do mundo off-line e se engajem em relações com pessoas reais e diferentes, pois é nesse campo de afetamentos que elas construirão as habilidades para viver de forma mais satisfatória os desafios de sua existência. É também nesse campo relacional que a criança, desde muito cedo, aprende a fazer escolhas tendo como parâmetro a sua sobrevivência emocional, buscando compor da melhor forma possível suas necessidades e aquilo que o mundo possibilita e permite.

A VISÃO HOLÍSTICA DE SER HUMANO DA GESTALT-TERAPIA E O PAPEL DO SISTEMA SENSORIAL

Conforme discuti em outro trabalho (Aguiar, 2014), creio que, se não tivermos uma clara visão de homem e de suas possibilidades de interação saudável no mundo, não conseguiremos auxiliá-lo, pois não teremos nada que nos dê respaldo para atuar na clínica e que venha fundamentar *o que* estamos fazendo e, sobretudo, *para que* estamos fazendo. Como saber o que propor diante do que determinada criança nos traz se não temos uma matriz compreensiva que nos permita identificar seus pontos específicos de saúde e doença, no momento presente da relação terapêutica?

Para contextualizar a importância do sistema sensorial na visão gestáltica de homem, partiremos da premissa holística de ser humano, a qual preconiza que nós *somos um corpo*, um corpo *animado*, com vida e em movimento, um corpo que *sente*, *pensa* e *age* no mundo. O sentir – e tudo que experimentamos com nossos sentidos – passa pelo corpo. O pensar, ponderar, escolher, deliberar, tudo isso passa pelo corpo, assim como a ação que implementamos no mundo.

Portanto, nós somos corpo. Mas somos um *corpo em relação*. E tudo que vamos problematizar em termos de saúde e de adoecimento passa por essa perspectiva básica que aponta o homem como um *corpo no mundo em relação* buscando satisfazer suas necessidades.

Ser esse *homem no mundo* de forma saudável significa vivenciar uma integração entre os aspectos do sentir, do pensar e do agir. O que eu sinto, o que eu experimento por meio dos meus sentidos funciona como orientação para o meu agir no mundo, que é, em maior ou menor grau, ponderado e escolhido a partir das condições que se apresentam em meu campo vivencial.

Em outras palavras, aquilo que eu sinto, que surge como uma necessidade, como uma demanda, que precisa de satisfação é, de alguma forma, ponderado, peneirado, pesado, verificado, deliberado, para que, então, eu possa agir no mundo de modo a satisfazer, da melhor forma possível, as minhas necessidades.

Em um funcionamento saudável, o tripé "sentir, pensar e agir" flui numa conexão integrada, no sentido de que as decisões e as escolhas feitas para agir no mundo estejam baseadas naquilo que é importante e vital para a pessoa.

Perls (1977, p. 75, grifos nossos) denomina essa conexão integrada sistema "sensório-motor":

> Denominei o *aparelho sensorial o nosso meio de orientação* e motor, o meio de manipulação. Com este ajustamento linguístico, *os sentidos*, longe de serem um meio puramente mecânico de transporte de ondas acústicas e outras, *tornam-se um aspecto da própria personalidade*. Assim, a perspectiva está aberta para uma abordagem onde o indivíduo pode novamente chegar aos seus sentidos.

Em um funcionamento saudável, todos os sentidos estão a postos, carregando o maior número de informações relevantes para que a criança possa construir formas satisfatórias de expressar e satisfazer suas necessidades na interação com o mundo. Segundo Polster e Polster (2001), eles são denominados "funções de contato", pois são os canais por meio dos quais experienciamos o processo de contato com o mundo.

A negociação entre as necessidades da criança e as demandas do mundo é o cerne do ajustamento criativo que caracteriza a dinâmica do processo de contato organismo/ambiente. Quando temos conexão e fluidez entre as funções, estamos falando de um funcionamento saudável; quando essa conexão se esvai, se interrompe, é cortada, temos um processo de contato adoecido.

VULNERABILIDADE DO PROCESSO DE CONTATO: AJUSTAMENTO CRIATIVO DISFUNCIONAL E A DESCONEXÃO COM OS SENTIDOS

Uma criança cuja orientação encontra-se, por exemplo, naquilo que introjetou a respeito da expectativa dos adultos sobre ser limpinha, arrumadinha, uma "mocinha" ou um "rapazinho", ao chegar a uma festa e ser convidada para brincar com tintas e *slime*, pode negar o convite e passar todo o evento sentada ao lado dos adultos, negando sua vontade de brincar, pular e se sujar. Sua ação (recusar o convite e ficar sentada) não está em consonância com aquilo que faz o olhinho brilhar, mas encontra-se orientada por uma escolha em função de algo que o adulto demanda.

Nesse caso, a orientação para sua ação no mundo está mais naquilo que o ambiente, o sistema familiar, a escola, o grupo e a comunidade demandam dela e/ou estabelecem como certo e adequado do que naquilo que ela experimenta a partir dos seus sentidos e do seu corpo. E, se sua ação em parte satisfaz algo, a demanda do mundo, isso se dá pelo abandono e pela interrupção de inúmeros outros excitamentos que surgem em sua experiência e de alguma forma ameaçam a sua sobrevivência emocional nas relações, no que diz respeito a pertencimento, aprovação e aceitação. Como nos diz Frazão (2015, p. 78-79):

> Ao longo do desenvolvimento, a satisfação de certas necessidades pode rivalizar com a manutenção da relação com o outro. Quando isso ocorre, a pessoa, por meio do ajustamento criativo, busca formas diferentes de expressar suas necessidades, mantendo, ao mesmo tempo, a relação com o outro. No entanto, se essas tentativas falharem, haverá conflito. Uma vez que a mãe é necessária para atender às necessidades mais primárias, esse conflito poderá se tornar crucial, sobretudo se ocorrer cedo e repetidamente na vida. Se a tentativa de expressar as necessidades de forma diferente falhar repetidamente, a fim de diminuir o conflito e manter a relação, dada a hierarquia de valores, a expressão de necessidades poderá ser distorcida ou até suprimida. O ajustamento tornar-se-á disfuncional.

Essa forma de interrupção do processo de contato organismo/meio, em que agimos não mais originalmente para nos satisfazer, mas para evitar ações e situações que coloquem em risco o frágil equilíbrio estabelecido com as forças do campo, é o que vamos denominar vulnerabilidade neurótica do processo de contato.

E, para que isso se mantenha, a criança precisará anestesiar, interromper, cortar, bloquear ou distorcer as informações que chegam por meio dos sentidos, de modo que não seja mobilizada para ações que ameacem sua sobrevivência emocional.

Assim, uma situação típica na clínica diz respeito às diversas formas de desconexão dos sentidos que as crianças precisam adotar para lidar com aquilo que o mundo espera delas. Por conta das circunstâncias do meio, que lhe traz toda sorte de exigências, de expectativas, de regras, de "deverias", ela acaba sucumbindo a falas do tipo "faça isso", "faça aquilo", "isso é certo", "isso é errado", "assim você é um menino bonito", "assim a mamãe vai ficar triste" ou, ainda, "assim o papai não gosta". Poderíamos listar uma série de frases e palavras que as crianças ouvem dos adultos mais significativos, desde muito cedo, e que, em função do grau de flexibilização da experiência, facilitam ou dificultam o desenvolvimento de um processo de contato saudável.

Nessas condições, a criança precisa se desconectar daquele sentimento que a impele a fazer diferente do esperado, a expressar alguma coisa que não é bem recebida e que a faça se sentir pouco amada e desaprovada.

Perls (1977, p. 70), ao falar sobre a antropologia da neurose, explica como ao longo da história da humanidade "[...] o homem voltou a sua força de vontade contra si próprio, esquecendo-se cada vez mais que as necessidades organísmicas são o solo onde ele se desenvolve" e como "[...] o conflito entre o comportamento deliberado e espontâneo é uma característica evidente de nosso tempo" (*ibidem*, p. 72).

O autor fala também da árdua tarefa que as crianças têm ao longo de seu desenvolvimento para se manter saudáveis e integradas:

> A criança necessita em primeiro lugar da gratificação de suas necessidades imediatas e, em segundo lugar, da facilitação de seu desenvolvimento. Mesmo com pais bem-intencionados, *raramente a criança tem o desenvolvimento de suas potencialidades facilitado*. Estas têm de ser moldadas em algo que receba a aprovação dos pais e da sociedade. Isto impõe dois tipos de processos: a *mutilação de algumas atitudes e um desenvolvimento artificial de outras*. (*Ibidem*, p. 79, grifos nossos)

Assim, se a ação no mundo, as relações com as pessoas e aquilo que é expresso estão absolutamente desconectados daquilo que é experimentado no corpo, o que vai acontecer com todas as necessidades não expressas da criança? O que vai acontecer com a sua vontade de chorar? Com a sua necessidade de pedir ajuda? Com a dor que ela sente quando ouve o papai e a mamãe brigarem? Ou com a dor e a vergonha que ela sente quando é punida porque errou, porque esqueceu, porque fez algo que não era o esperado? O que fazer com isso? O que fazer com o que embola dentro do peito, com o que dá frio na barriga, que enrijece o ombro, que sobe para o rosto?

Segundo Perls (1977), a criança precisa realizar uma série de bloqueios para manter tudo que experimenta devidamente arranjado segundo o que se apresenta como possibilidades no seu campo vivencial. A esses "arranjos" vamos dar o nome de sintomas. Ademais, o processo de mutilação daquilo que é essencial e a criação de formas alternativas para lidar com as demandas do mundo tornam-se algo seguidamente retroalimentado. Sendo assim, a criança começa a endurecer o ombro, trancar a mandíbula e ranger os dentes à noite, fica com sinusite e alergia crônica, tem dores de cabeça e afecções de pele, não consegue mais emitir nenhum tipo de opinião ou dizer do que gosta, se refugia no mundo virtual, torna-se extremamente rígida, avessa a novidades e experimentações, combate o diferente, reage agressivamente quando é frustrada, não consegue aprender, não tem bom desempenho escolar, não se relaciona bem com outras crianças e toda uma sorte de comportamentos que apontam para interrupções em seu processo de contato e para um ajustamento criativo disfuncional.

Conforme aponta Oaklander (1980, p. 151),

> chegamos a funcionar na vida quase como se os nossos sentidos, os nossos corpos e nossas emoções não existissem – como se não fôssemos nada além de cabeças gigantes, pensando, analisando, julgando, imaginando, lembrando, adivinhando, prevendo e censurando. Quando a criança se torna desligada do seu corpo, perde o senso de si própria bem como grande dose de força física e emocional. Assim, precisamos fornecer-lhe métodos para ajudá-la a readquirir seu corpo, ajudá-la a conhecer seu corpo, sentir-se à vontade nele e aprender a usá-lo novamente.

Uma triste consequência de todas essas interrupções nos sentidos é que, para se desconectar do que é sentido como ameaçador, a criança acaba se desconectando de tudo e não discrimina mais o que é benéfico do que é ameaçador; se existe algo que a toca, a emociona, ela não olha mais para aquilo – olha permanentemente para baixo ou jamais encontra o olhar do outro. Se ela ouve coisas que a magoam, para de ouvir tudo e a todos, inclusive os elogios e possíveis palavras carinhosas.

Não vê mais o que a ameaça, não escuta mais o que dói, mas também não consegue ver aquilo que é legal, ver que existem pessoas bacanas, ouvir algo diferente de alguém diferente. Fica inacessível e ainda menos satisfeita porque as chances de satisfação na relação com o mundo diminuem bastante na medida em que aquilo que faz que as impressões do mundo cheguem até ela, os seus sentidos, está obstruído no modo sobrevivência.

Os sentidos apresentam-se bloqueados, interrompidos, cristalizados em determinadas formas de interação com o mundo, reduzindo bastante e de forma repetitiva as possibilidades de contato satisfatório entre criança e mundo.

Um contato satisfatório nesses termos sempre apontará para um uso diverso, abrangente, fluido e criativo dessas possibilidades de conexão com o mundo que os sentidos propiciam. Na neurose, diante da necessidade de evitar demandas e circunstâncias potencialmente ameaçadoras, suprimimos e restringimos o uso dos sentidos para "filtrar" aquilo que vem do ambiente. O que outrora foi eventual e contextualizado no campo agora se torna habitual, funcionando não só como proteção em relação ao que é ameaçador, mas também como um impedimento para vivências satisfatórias.

A INTERVENÇÃO NA CLÍNICA DA NEUROSE E A RECUPERAÇÃO DOS SENTIDOS

"Na nossa civilização, espontaneidade e deliberação lutam entre si, criando conflitos, inconsistências, distorções, desconforto, enquanto a integração entre ambas poderia produzir homens capazes de autoexpressão e autorrealização." (Perls, 1977, p. 79)

Partindo da compreensão holística inicial de que somos um corpo no mundo e de que na neurose nosso sistema sensorial está debilitado, como pensar uma intervenção clínica que passe pelo corpo e pelos sentidos?

A intervenção gestáltica incide, muitas vezes, mais no corpo e nas suas formas de expressão do que na linguagem verbal que ele enuncia. A criança não fala apenas por meio da linguagem verbal, mas com toda a sua expressão corporal e todo o seu ser. A linguagem lúdica, predominante nas crianças, passa necessariamente pelo corpo e por suas possibilidades de movimento, posicionamento e expressão.

Nas possíveis intervenções realizadas nesse corpo-em-relação que se apresenta em psicoterapia, um dos aspectos fundamentais é a promoção de experiência sensorial, com o objetivo de remobilizar os sentidos e sua conexão com o mundo.

As crianças que chegam à psicoterapia estão, em geral, desconectadas dos seus sentidos: não sabem quem são, não sabem o que querem, não sabem de que forma o que sentem pode ou não ser expresso nem como podem se expressar de outras formas.

A partir de como elas se comportam na relação com o psicoterapeuta e no uso que fazem do espaço terapêutico é que apresentaremos possibilidades de experimentação explorando diretamente os sentidos. São propostas que permitem que a criança acorde seu corpo, se conecte com ele, experimente cada um dos seus sentidos prestando atenção às suas inúmeras possibilidades. Assim conseguimos, aos poucos, ampliar a consciência que ela tem de si partindo de onde ela precisa construir essa consciência: o que ela experimenta no corpo.

Estamos falando da visão, da audição, do olfato, do paladar, do tato e do movimento, bem como da consciência do posicionamento e do uso desse corpo no mundo.

Desse modo, ao propiciar experiência sensorial para as crianças em psicoterapia, propondo experimentos que trabalhem seus sentidos e seu corpo de forma geral, criaremos possibilidades diversas de troca com o meio, auxiliando-as a construir outras formas de contato, tirando-as da forma habitual e restrita com a qual vêm sobrevivendo.

E quais seriam os recursos utilizados para facilitar a experiência sensorial? Aqueles não estruturados, tais como argila, caixa de areia, massa de modelar, areia cinética, geleca, *slime*, tinta, cola, água e toda a sorte de objetos que ofereçam diferentes experiências táteis, auditivas, olfativas e cinestésicas, bem como possibilidades de exploração do mundo circundante criadas pelo psicoterapeuta na sessão.

Quando, por exemplo, pegamos a geleca, não sentimos esse material somente com as mãos – outros sentidos também podem ser explorados. Então eu convido a criança a olhar para a geleca, a prestar atenção à sua forma, sua cor, a cheirá-la e a experimentar o tipo de barulho que ela faz ao ser manipulada.

Também podemos usar outras partes do corpo que não as mãos para manipular esse material: pés, cotovelos e braços; podemos deitar, ficar em pé sobre a geleca e pular em cima dela. Tudo isso é proposto para que a criança utilize o material das mais variadas formas, promovendo uma expansão dos sentidos e da consciência do corpo.

No entanto, as crianças chegam tão enquadradas que muitas vezes, ao depararem com a argila, por exemplo, começam imediatamente a construir alguma coisa, no afã de produzir algo, o que nos parece ser herdeiro de um hábito construído no ambiente escolar: um material não pode ser simplesmente explorado, é preciso fazer algo estruturado com ele. Portanto, nosso convite para as crianças vai na contramão desse hábito. Por isso, é fundamental que o psicoterapeuta participe, utilizando também o material, disponibilizando-se a experimentá-lo com elas.

Quando o psicoterapeuta se disponibiliza e faz junto, convida a criança a experimentar de forma lúdica o material, apresentando outras possibilidades que ela nem sequer imaginava, facilita que ela se entregue à experiência do momento presente e não funcione imediatamente segundo sua forma habitual.

Cabe ressaltar que o fato de o psicoterapeuta também explorar o recurso e, muitas vezes, começar a explorá-lo, mostrando uma nova forma para a criança, não implica fornecer um modelo a ser seguido, mas assinalar a possibilidade de uma nova experiência. Quando o profissional mergulha as mãos até metade do antebraço no pote de *slime* e descreve sua sensação, tal ação é menos um "faça isso também" e mais um "isso é possível de ser feito", ainda que por vezes suje as mãos e a roupa. Cabe à criança, em psicoterapia, fazer suas escolhas e caminhar num ritmo próprio de experimentação.

É fundamental que tais convites à descoberta se apresentem sempre como brincadeiras. Frases como "tive uma ideia", "pensei numa brincadeira", "conheço uma brincadeira que é assim" ou "e se a gente brincasse..." costumam ser boas deflagradoras de propostas lúdicas.

Às vezes, podemos experimentar a supressão de um dos sentidos no intuito de aguçar os outros ou de fazer a criança se conscientizar de como funciona e se orienta no mundo sem tal função. Ou, quando queremos proporcionar uma experiência um pouco mais focada e intensa com determinado sentido, eliminamos os outros ou os colocamos em segundo plano.

A venda nos olhos é uma boa modalidade de experimentação, tendo como variante a possibilidade de comparar a experiência: com venda e sem venda. Comparar é ótimo porque permite à criança fazer discriminações: "Como é segurar a argila de olhos fechados? E como é segurar de olhos abertos?" Da mesma forma, é possível tapar os ouvidos, amarrar as mãos ou os pés, apagar as luzes à noite e tudo mais que a criatividade do psicoterapeuta e da criança trouxerem para o reino da experimentação no espaço terapêutico.

Uma brincadeira comum com o uso de venda nos olhos é descobrir as diversas possibilidades de textura e reconhecer objetos somente pelo tato. Para isso é fundamental ter objetos diferentes e com texturas diversas para ser colocados em um saco ou cesta: algodão, veludo, lixa, coisas de metal, geladinhas, de vários tamanhos, densidades e pesos. De olhos vendados, a criança é convocada a focalizar naquilo que pode sentir e conhecer pelas mãos e depois verificar a diferença que é explorá-lo de olhos abertos.

O trabalho com a audição também é muito importante em psicoterapia porque a qualidade desse sentido num processo de adoecimento neurótico é sempre sofrível, sobretudo nas crianças. Estas se especializam em "fechar a cortina" dos ouvidos, em não ouvir, em ficar no "mundo da lua" para não ouvir gritos, reclamações, palavras que às vezes são muito duras e depreciativas.

Uma das minhas propostas preferidas para focalizar a audição é esta: "Tive uma ideia! Vamos tapar os olhos e prestar atenção a todos os barulhos que a gente consegue ouvir, vamos ficar bem quietinhos e bem paradinhos e prestar atenção". "O que você está ouvindo? Que barulho foi esse?"

Existem sons ambientes muito interessantes, e isso vira uma grande brincadeira. A criança percebe que, quando fica quietinha, para de falar, quando fecha os olhos, para de se mexer e foca a atenção somente naquilo que está ouvindo, descobre que consegue ouvir um monte de coisas que não ouvia antes. E, na medida em que começa a ampliar suas possibilidades de escuta, posso convidá-la para outras brincadeiras de reconhecimento de sons, como ela fechar os olhos e caminhar na minha direção, orientando-se pelo som da minha voz ou de qualquer outro som que eu produza.

Também é possível explorar as possibilidades de tirar sons de uma grande variedade de objetos na sala. Trata-se de um grande exercício de criatividade e discriminação auditiva. Tenho uma caixa de som na sala e *playlists* em meu celular de sons da natureza, água corrente, ondas do mar, chuva, trovões, tempestades, fogo crepitando, pássaros, bichos, florestas de dia e de noite. Muitas dessas faixas são usadas sozinhas ou como "trilha sonora" de dramatizações. Entre as possíveis dramatizações, "Perdido na floresta na noite escura" é uma das prediletas das crianças! "Debaixo das almofadas ao som dos trovões" também, e assim vamos trabalhando as emoções que emergem com a sensibilização do ouvir. Às vezes levo diferentes tipos de música, na maioria das vezes sem letra, para que a mobilização se dê por meio da melodia, e, assim, conjugamos o trabalho com som e movimento. Também costumo encorajar as crianças a trazer músicas que gostam de ouvir. Muitas têm medo de determinados barulhos e o espaço terapêutico é o lugar onde se construirá uma relação de confiança e um suporte para que os barulhos assustadores possam ser fabricados e experienciados, sempre na medida e no tempo de cada uma.

Algo que venho experimentando nos últimos tempos é o resgate daquelas historinhas infantis que antes encontrávamos em fitas cassetes. Creio que particularmente nos dias de hoje, em que as crianças estão saturadas pelas telas e pela passividade que elas implicam, a possibilidade de ouvir uma história e de precisar construir imagens (imaginar) para poder compreendê-la oferece uma possibilidade completamente diferente de organizar a experiência.

Também tenho alguns instrumentos musicais na sala, pois isso permite que façamos uma combinação de sons. Podemos brincar de discriminar cada um deles, assim como usá-los para expressar sentimentos. Não é necessário ter muitos instrumentos, mas é importante que eles produzam sons diferentes. E aqui também cabe a criatividade do psicoterapeuta. O mundo é cheio de sons, e nós podemos fazer sons com tudo. Posso bater na caixa, no abajur ou com o pente na parede. São três sons diferentes. Em algumas situações, convido a criança a pegar um objeto e sair pela sala batendo em várias coisas em busca de sons diferentes. E isso vira novamente uma grande brincadeira, que muitas crianças adoram e nos permite explorar inúmeras possibilidades.

Gosto de usar o tambor para marcar as batidas do coração. Primeiro vem o convite para "ouvi-las"; depois é preciso ficar bem quietinho para fazê-lo. Posso pedir para a criança fechar os olhos e colocar a mão no peito para sentir as batidas, enquanto eu faço o mesmo. Depois, reproduzimos no tambor as batidas de cada um. Podemos experimentar pular ou correr e novamente verificar como elas ficam. Assim, abrimos caminho para a criança se habituar a prestar atenção ao que acontece com seu coração à medida que ela vai experimentando coisas no mundo.

Por fim, considero fundamental propiciar às crianças a experiência do silêncio, sobretudo se levarmos em conta a sobrecarga de estimulação sensorial oriunda das novas tecnologias.

Concordamos com L'Ecuyer (2015, p. 121) quando ela diz que

> o barulho contínuo faz com que [a criança] não tenha interioridade própria, motivo pelo qual ficar consigo mesma parece algo insuportável, e caminha em busca de barulho e de novas sensações para aliviar essa sensação de vazio.

E, sobretudo, com a perspectiva de que "o barulho não somente ensurdece como também cala as perguntas que surgem da curiosidade diante das observações da realidade" (*ibidem*, p. 123).

Convido a criança a mover-se pela sala produzindo o mínimo possível de barulho; assim percebemos que produzimos sons o tempo todo e impactamos o ambiente dessa forma. Também experimentamos falar sussurrando ou ainda somente por gestos ou movimentos labiais. Usamos fones para tapar o ouvido e brincamos de "escutar o silêncio". Descobrimos que, ao minimizar os barulhos na sala, percebemos outros mais sutis, como o da própria respiração ou as batidas do coração.

Todos os exercícios que usam o corpo e fazem que a criança perceba como o utiliza, de que forma se locomove, se senta e está na sessão são propostas de experiência sensorial.

Atendo um menino que, durante muito tempo, entrava na sessão e começava a me contar coisas, mas não parava nem se sentava em lugar nenhum. Ele ficava andando em círculos em volta da sala. De início, fiquei parada tentando acompanhá-lo, mas, quando eu me percebia, estava completamente tonta. Diante disso, perguntei a mim mesma: "Qual é a premissa básica de intervenção em Gestalt-terapia?"

Primeiro, mostramos à criança aquilo que ela está fazendo, a fim de que ela amplie a consciência a respeito de seus ajustamentos. Depois a convidamos para experimentar algo diferente, para que crie alternativas de satisfação de suas necessidades com ajustamentos mais satisfatórios.

Sendo assim, o menino que anda em volta da sala sem parar precisa ficar consciente disso. Eu poderia descrever verbalmente o movimento dele, mas escolhi fazer outro tipo de descrição: comecei a espelhá-lo. Ele logo parou e ficou olhando para mim, como se dissesse: "Hã? O que é isso?" Eu disse: "Isso é o que você tá fazendo. Isso é o jeitinho que você está me contando essas coisas". Ele riu e, a partir desse momento, essa situação virou uma espécie de brincadeira, pois cada vez que ele começava a falar, andando em volta da sala, eu levantava e fazia o mesmo. Essa forma de intervir o ajudou não só a perceber o que estava fazendo como também o que estava sentindo. Às vezes, ele parava para "sentir" e, a partir disso, fazia algo a fim de expressar o que o corpo dizia: pulava nas almofadas até suar ou socava o joão-teimoso com bastante energia. Com o tempo, ao implementar tais ações, começou a identificar e verbalizar sentimentos específicos voltados para situações e pessoas de seu convívio. Quando os sentimentos foram identificados, expressos via corpo no espaço terapêutico e depois explorados em formas alternativas de expressão, o comportamento de iniciar a sessão falando e andando em círculos desapareceu.

Uma possibilidade de trabalhar movimento, gestual e posicionamento cristalizados é a vivência da polaridade. Cabe ressaltar que propor que a criança faça justamente o contrário não tem o objetivo de que ela deixe de fazer o que está fazendo, mas de que tenha a consciência de que pode fazer de outro jeito, ao mesmo tempo que amplia sua consciência a respeito do jeito que está fazendo.

Assim, com a criança que se move de forma muito rápida, experimentamos nos movimentar pela sala como se fôssemos soldadinhos de chumbo. Ou virar estátua. Experimentamos ficar em pé e deitados, parados e em movimento. Experimentamos várias formas de andar: muito rápido, mais rápido ainda, correndo! Agora bem devagar, em câmera lenta. Podemos fazer de conta que somos zumbis, robôs, bonecos infláveis de posto de gasolina! Quanto mais possibilidades exploradas, mais a criança amplia sua consciência a respeito de si e passa a conectar consigo mesma, a ter consciência do que está sentindo, do que está dando respaldo para que ela se expresse da forma como habitualmente se expressa.

No que diz respeito à visão, sentido extremamente bombardeado nas crianças contemporâneas, apresentar alternativas às telas é quase um compromisso na psicoterapia. Justamente por conta da sobrecarga de estimulação a que muitas crianças estão expostas e da hegemonia das telas, não tenho nenhuma delas como recurso no espaço terapêutico – a não ser o meu celular, que eventualmente é utilizado para a execução de músicas e para algo que as crianças necessitem me mostrar. Às vezes, elas chegam à psicoterapia e desejam mostrar uma música ou vídeo no YouTube ou procurar algo no Google. Não me furto de acompanhá-las nesse movimento, que é compreendido dentro do quadro total de seu processo terapêutico e usado como ponto de partida para propostas de ampliação de consciência e experimentações no aqui e agora da sessão. Tudo que pudermos transformar em ação, atividade e experimentação na sessão terapêutica é bem-vindo!

Um exemplo disso são as sessões com um menino de 10 anos que, ao me mostrar um jogo em seu celular, foi convidado a dramatizar as situações ali apresentadas no espaço terapêutico. Isso gerou um faz de conta riquíssimo, em que suas escolhas das cenas, personagens, lutas, bônus e punições revelavam muito de suas formas relacionais habituais, que, progressivamente, foram desveladas e desafiadas no curso da dramatização. Vale lembrar que as dramatizações vivenciadas no espaço terapêutico devem ter como guia aquilo que a criança traz, e, ao menos inicialmente, cabe ao psicoterapeuta desempenhar os papéis que lhe são destinados, com a direção da criança; somente depois da identificação de alguns padrões começamos a inserir neles "desvios", tais como uma ou outra reação de um personagem ou o questionamento de determinado acontecimento ou regra.

Quanto à criança cujo olhar está sempre voltado para o chão, ela primeiro precisa perceber que age assim e, com isso, não olha para mim ou para a sala. Na sequência, podemos propor que ela experimente nos olhar por alguns segundos (e descrever depois como são os meus olhos), ou ainda que ela olhe bem atentamente para determinado canto ou objeto da sala (e depois desenhe o que viu ou tente relatar tudo que estava ali sem olhar novamente).

Uma possibilidade de trabalho com o olhar muito divertida é o "brincar de sério", em que um encara o outro até o primeiro rir. Com isso, estamos cumprindo a função de experimentação do olhar e atendendo ao critério básico para todo experimento com crianças: é uma brincadeira!

É importante que a criança experimente formas de se conectar por meio do olhar não só conosco, mas também com o ambiente. Quando a visão fica endurecida, a criança acaba olhando para tudo de forma muito superficial e rápida. Olha rapidamente para algo, capta alguns elementos e imagina todo o resto. Um exemplo comum é o da criança que entra na sala de atendimento, mal olha para os recursos e brinquedos e logo diz: "Não tem nada de legal aqui para brincar". Ela nem sequer explorou o ambiente, as prateleiras, os cestos, potes e tudo que a sala tem a oferecer; com uma rápida olhada, chegou àquela conclusão. Sua visão está estreitada, padronizada, impermeável para a novidade da experiência do momento presente. Posso dizer a ela: "Como assim, não tem nada? Te desafio a me dizer cinco coisas que tem nessa prateleira! Será que você lembra?" A partir daí, posso convidá-la a olhar minuciosamente a prateleira e na sequência propor outra brincadeira: "Vamos contar um minuto, em que cada um vai olhar bem para o que tem aqui. Depois, um de nós vira de costas e o outro tira um brinquedo para quando o outro virar adivinhar o que sumiu". Essa brincadeira tem variantes, como trocar os objetos de lugar e forma de disposição, ou ainda introduzir um objeto novo. Quanto mais variações propusermos, aceitando também as inventadas pelas crianças, e quanto mais lúdica e divertida for a brincadeira, maior a chance de ampliarmos sua consciência do olhar, convidando-as a experimentar olhar de verdade para o mundo que as cerca. Propostas desse tipo ampliam as possibilidades de exploração da sala de atendimento e de seus recursos, aumentando o engajamento da criança na sessão terapêutica. Muitas vezes, ela descobre um recurso na sala que nunca tinha visto e se apaixona por ele, o que rende muito trabalho nas sessões seguintes.

Outro recurso que costumo usar é o da brincadeira do rabisco. O rabisco não tem nenhum tipo de compromisso de ser um desenho; então o fazemos em uma única folha alternadamente, ou cada um em sua própria folha, e depois olhamos para ele e fazemos a brincadeira "com o que será que parece?": "isso aqui parece com um peixe", "isso aqui parece com um foguete", trabalhando a visão e a projeção.

Gosto dessa proposta porque ela aproxima a criança de recursos como papel e lápis, que por vezes são repelidos porque lembram experiências ruins na escola. Proponho apenas um rabisco: não precisa ficar bonito, não tem de apagar, não tem de refazer, não precisa ficar na parede da sala de aula, nem será submetido a julgamentos e avaliações. É só um rabisco! A partir dele brincamos, inventamos, juntamos daqui e dali, construímos histórias, cenas e tudo que nossa imaginação permitir!

O grande diferencial desse trabalho é explorar uma visão ativa, criativa, e não aquela passiva experimentada cada vez mais cedo pelas crianças diante das telas, em que elas ficam expostas a várias imagens, muitas vezes sem a possibilidade de processá-las, e não têm proatividade nem autoria nesse olhar. Quando procuramos coisas, quando observamos objetos e pensamos em outra forma de colocá-los na sala – ou, ainda, quando olhamos para uma cadeira e nos perguntamos o que mais ela poderia ser e para o que mais poderia servir –, estamos engajados em uma visão ativa e em uma ação criativa no mundo.

Ao trabalharmos o tato, quem disse que usamos só as mãos? Ao contrário: estamo-nos referindo a tudo que sentimos com esse grande órgão do corpo humano que é a nossa pele. Podemos usar o rosto, os braços, as pernas, as costas, experimentar as partes do corpo que estão com roupa e as que não estão cobertas. Alterar a temperatura da sala e prestar atenção a como nos sentimos. Experimentar lugares diferentes da sala e observar mudanças de temperatura. Ficar na frente do ar-condicionado, nos enrolar em um lençol ou nos cobrir com as almofadas. São inúmeras as possibilidades que podemos criar para produzir uma variedade de sensações!

O olfato e o paladar são sentidos muito primitivos e os primeiros a orientar a criança no mundo. Em consequência, também entram em um modo habitual de funcionamento de forma fácil e rápida. Trabalhar com esse binômio é interessante porque aguça a sensibilidade da criança para perceber e discriminar de forma significativa. Assim, experimentos com olfato e paladar não são propostas somente para crianças que, por acaso, tenham questões que os envolvem mais diretamente, mas para todas elas. A dificuldade de experimentar vários tipos de sabores ilustra uma forma típica de relação com o mundo. Se a criança não se disponibiliza a experimentar os diversos gostos que existem, muito provavelmente sua experiência relacional apresenta-se muito restrita, com aversão a novidades e apego a situações e rotinas.

Olfato e paladar caminham juntos como sentidos orientadores básicos para a sobrevivência. Um bom exemplo diz respeito à forma como experimentamos alimentos. Diante de um alimento, o primeiro crivo é a visão. Olhamos para ele e, dependendo do impacto que nos traz, escolhemos ir adiante ou não. O olfato é outro crivo pelo qual a comida passa: às vezes determinado alimento está normal visualmente, mas o cheiro indica que ele está estragado. Ambos os sentidos me indicam se a comida é boa ou não e me permitem cuspi-la. Ou mastigá-la e torná-la mais assimilável para o meu organismo.

Esse processo é fundamental para que a criança exercite suas discriminações na relação com o ambiente – o que serve, o que não serve, o que é nutritivo, o que é tóxico, o que pode ser engolido e o que necessita ser mastigado para então ser assimilado.

Tenho no espaço terapêutico alguns cheirinhos diferentes: cítricos, doces, amadeirados, bem como essências em pequenos borrifadores e incensos. Podemos experimentar colocar um cheiro na sala a cada sessão e também brincar com as essências, fazendo associações com os aromas: "esse cheiro te lembra o quê?", "que cheiro é esse?" Aproveitamos para falar mais sobre cheiros de que gostamos e não gostamos, sobre cheiros de pessoas, de ambientes, sobre cheiros que nos fazem bem e mal. Eventualmente, se existe algo na cozinha que pode entrar na brincadeira, utilizamos também: café, açúcar, mate, bolo, chocolate e frutas com aroma bem acentuado, como goiaba e tangerina. Nesse caso, aproveitamos a experiência sensorial total, incluindo o máximo de sentidos na exploração. As crianças podem provar e comer no final, se assim o quiserem e se não existir nenhuma restrição nesse sentido.

Aproveitar as situações em que a criança chega à psicoterapia comendo transforma aquilo que inicialmente "atrapalharia" a sessão terapêutica em algo que pode servir para ampliar sua consciência sensorial. Se ela chega comendo, o psicoterapeuta também pode pegar algo para comer. Quando os alimentos são diferentes, criança e psicoterapeuta os comparam e eventualmente os trocam, aproveitando a situação para trabalhar gostos, escolhas e diferenças. Podemos também fazer um piquenique na sessão, onde criamos possibilidades de degustação, com um alimento doce, outro salgado, um amargo, outro azedo e outro picante. O importante, novamente, é que tais possibilidades estejam inseridas em uma brincadeira que pode ser desdobrada de várias formas, como experimentar de olhos abertos ou fechados; experimentar e construir um placar, no qual atribuímos notas a cada sabor; desenhar sentimentos a partir dos sabores ou situações que cada um nos lembrou.

Se a criança faz objeções a provar, o psicoterapeuta já tem algo para mostrar a respeito da sua disponibilidade para experimentar algo novo. Porém, antes de fazer uma série de propostas à criança, é primordial lembrar que primeiro ela precisa ter consciência do que está fazendo para, depois, arriscar fazer algo diferente. Não existe um "certo", como dizer que o certo é comer goiaba e não pipoca. O que está em jogo aqui é que gosto tem a pipoca, como a criança sente esse alimento na boca. Ela pode comer a pipoca bem devagar ou bem rápido. Pode deixar a pipoca dissolver na boca, prestando atenção ao que está acontecendo, no que ela sente, em como vai ficando o gosto.

Enquanto muitos espaços terapêuticos contam com itens como balas e bolachas, em meu consultório não deixo alimentos à disposição dos clientes. Para as crianças, disponibilizo sempre que possível o pote da experimentação. Nele coloco a cada semana um alimento diferente, que pode ser provado e avaliado por elas, criando um *ranking* no qual figuram as avaliações de todas elas. Procuro sempre levar sabores novos, mesclados com sabores mais conhecidos dos pequenos, a fim de aguçar a curiosidade e a expectativa para a semana seguinte. Várias crianças ampliaram bastante seu leque de opções de ingestão de alimentos, ao mesmo tempo que refinaram sua capacidade de avaliar e discriminar o que realmente gostam daquilo de que não gostam.

CONSIDERAÇÕES FINAIS

Toda e qualquer atividade proposta em psicoterapia pode ser explorada com praticamente todas as funções de contato, com exceção óbvia do paladar. O cheiro da tinta é diferente do cheiro da cola, que é diferente do cheiro do giz de cera, que é diferente do cheiro do papel, que é diferente do cheiro da almofada, que é diferente do cheiro do pente, que é diferente do cheiro do braço da própria criança. O mesmo acontece com as formas, as texturas e o peso. São infinitas as possibilidades: basta que o psicoterapeuta se disponha a ampliar, sempre que possível, a experiência dos sentidos da criança, seja lá o que ela estiver fazendo.

Tais propostas costumam ser bem-aceitas, principalmente pelas crianças menores. Porém, é preciso lembrar que muitas das que que chegam até nós já estão bastante interrompidas, cristalizadas em formas empobrecidas de se relacionar com o mundo, com sua experiência estreitada e pouca disponibilidade para a novidade. Não é incomum encontrar crianças que, ao depararem com tais propostas, apresentem uma resistência inicial, muitas vezes julgando-as esquisitas.

Nesses casos, não a obrigamos a fazer o que quer que seja; porém, precisamos trabalhar suas objeções. Na verdade, o psicoterapeuta precisa ter consciência de que muito provavelmente encontrará objeções de seus pequenos pacientes com relação às suas propostas. Diz Oaklander (1980, p. 130): "Estou totalmente consciente de que o paciente não pode imediatamente ter sucesso nas tarefas que lhe proponho. Se ele pudesse, não necessitaria da minha assistência".

Se entendermos que a neurose se apresenta como um estreitamento da experiência, como um bloqueio significativo do livre uso dos sentidos e a repetição de poucos padrões para lidar com a realidade, por que a criança chegaria à psicoterapia absolutamente disponível para viver uma série de novidades?

Assim, é preciso que o psicoterapeuta acolha a criança em suas possibilidades e caminhe junto dela com paciência, oferecendo pequenas pitadas de desafio. Como exemplo, atendo um menino de 5 anos que não aceita colocar a venda nos olhos. Antes de tudo, é preciso entender o que isso representa para ele. Quando eliminamos sua visão – sobretudo quando a criança não tem uma boa conexão com os seus outros sentidos e usa somente os olhos para sobreviver no mundo –, esse tipo de solicitação é vivida de forma muito ameaçadora. Portanto, podemos experimentar outra coisa: só fechar os olhos e dar aquela espiadinha de vez em quando, por exemplo. O mais importante é jamais ficar engessado em uma proposta com o propósito de fazê-la acontecer de qualquer maneira.

A psicoterapia não é uma queda de braço com a criança nem um espaço de conclusão de tarefas, mas a oportunidade de passear por muitas possibilidades de ampliação da percepção de si e de formas diferentes de ser e estar no mundo. As crianças já são obrigadas a fazer um monte de coisas, e a psicoterapia não pode ser mais um lugar onde se demanda algo que precisa ser feito com esforço e sofrimento. Qualquer que seja o "resultado" de uma proposta, essa é a experiência que pode ser vivida naquele momento.

A forma como o psicoterapeuta propõe cada experimento também faz diferença. Se ele não tem jogo de cintura, ludicidade, criatividade, disponibilidade para o movimento e para a improvisação, o trabalho se torna muito mais difícil. Como o profissional vai botar a mão na massa, deitar e rolar no chão, sujar as mãos de tinta, suar com o vigor dos movimentos, encostar o rosto na parede para sentir a temperatura, atirar almofadas e tantas outras coisas se não tiver disposição e abertura para viver isso?

Também é importante lembrar que, mais do que ficar atrás das histórias, tentando entender os conteúdos, fazendo conexões disso e daquilo e perseguindo sintomas, o fundamental é propiciar que a criança busque nela e naquilo que ela experimenta a orientação para estar no mundo.

Portanto, nosso principal objetivo é auxiliar a reconexão dessa criança com seu sistema sensorial, sabendo que será ela a dar o tom e a direção do caminho a ser trilhado. Ela traz para a psicoterapia sua história, suas experiências anteriores, suas vivências cotidianas e suas formas habituais de fazer e de interromper o contato com o mundo. Cabe a nós, psicoterapeutas, encontrá-la no ponto onde está e convidá-la para uma jornada imprevisível, repleta de novidades e surpresas, rumo à construção de um autossuporte que lhe permitirá restaurar sua capacidade de seguir satisfatoriamente com seu processo de desenvolvimento.

REFERÊNCIAS

AGUIAR, L. *Gestalt-terapia com crianças – Teoria e prática*. São Paulo: Summus, 2014.

FRAZÃO, L. M. "Compreensão clínica em Gestalt-terapia: pensamento diagnóstico processual e ajustamentos criativos funcionais e disfuncionais". In: FRAZÃO, L.; FUKUMITSU, K. (orgs.). *A clínica, a relação psicoterapêutica e o manejo em Gestalt-terapia*. São Paulo: Summus, 2015.

L'ECUYER, C. *Educar na curiosidade: a criança como protagonista de sua educação*. São Paulo: Fons Sapientiae, 2015.

_____. *Educar na realidade*. São Paulo: Loyola, 2019.

OAKLANDER, V. *Descobrindo crianças: a abordagem gestáltica com crianças e adolescentes*. São Paulo: Summus, 1980.

PERLS, F. "Teoria e técnica de integração da personalidade". In: STEVENS, J. (org.). *Isto é Gestalt*. São Paulo: Summus, 1977.

POLSTER, I.; POLSTER, M. *Gestalt-terapia integrada*. São Paulo: Summus, 2001.

WORLD HEALTH ORGANIZATION. "Guidelines on physical activity, sedentary behavior and sleep for children under 5 years of age". 2019. Disponível em: <https://apps.who.int/iris/handle/10665/311664>. Acesso em: 10 maio 2020.

8 PSICOSSOMATIZAÇÕES DA CRIANÇA: O SIGNIFICADO DA ENURESE NOTURNA E DA ENCOPRESE

SHEILA ANTONY

> "Neste instante, esteja você onde estiver, há uma casa com seu nome. Você é o único proprietário, mas faz tempo que perdeu as chaves. Por isso, fica de fora, só vendo a fachada. Não chega a morar nela. Essa casa, teto que abriga suas mais recônditas e reprimidas lembranças, é o seu corpo."
>
> (BERTHERAT, 1985, P. 11)

INTRODUÇÃO

As manifestações psicossomáticas são comuns na tenra infância, uma vez que o corpo é o mensageiro de toda angústia e mal-estar vivido, seja pelo bebê – que não tem consciência de si nem de seu corpo –, seja pela criança da primeira infância – que tem pouca capacidade de compreensão e elaboração psíquica de suas emoções –, que ainda está aprendendo as palavras para exprimir seus pensamentos.

A enurese noturna e a encoprese são distúrbios somáticos que surgem com frequência no consultório, em crianças entre 6 e 12 anos trazidas pelos pais. Embora considerados apenas um sintoma e não um transtorno psicológico, causam incômodos ao sistema familiar, requerendo que os pais reorganizem suas condutas durante a noite e o dia nos cuidados com os pequenos.

Para a Gestalt-terapia, os sintomas são ajustamentos criativos – comportamentos, gestos, pensamentos, tensões corporais – que surgem para neutralizar a angústia, sinalizando que uma necessidade importante está insatisfeita e, em consequência, uma Gestalt está aberta. Os sintomas mascaram o conflito real, criam um falso problema, encobrindo o núcleo dramático conflitivo verdadeiro das relações familiares (Antony, 2009). Por trás da enurese e da encoprese há problemas na dinâmica familiar a ser resolvidos. Cabe ao terapeuta ir além desses sintomas, visando ao desbloqueio dos pensamentos proibidos e sentimentos temidos, das fantasias cheias de angústia que geram o comportamento problemático oriundo de um distúrbio no campo organismo/ambiente.

A teoria organísmica de Kurt Goldstein (2000), a qual compõe o corpo teórico da Gestalt-terapia, enuncia que o organismo é uno, integrado e consistente. Com essa concepção, propõe que o organismo seja considerado um todo unificado, em que mente e corpo formam uma unidade inseparável, mantendo uma permanente interação com o ambiente em busca da autorregulação. Surgiu como uma crítica à dicotomia mente-corpo das teorias da época, denominadas causalistas, introduzindo a ideia de que não temos um organismo – nós somos um organismo. Desse modo, a Gestalt-terapia passa a pensar o organismo como uma totalidade psicossomática cujo desenvolvimento, crescimento e funcionamento ocorrem em função de um processo dinâmico, contínuo e recíproco de interação entre fatores biológicos, psicológicos e ambientais; e o que ocorre em uma parte afeta o todo.

Dethlefsen e Dahkle (1983, p. 18) afirmam que "toda nossa linguagem é psicossomática", toda forma de expressão do ser humano interconecta corpo e psiquismo. O corpo necessita da mente para existir e se manifestar, e a mente é reconhecida e revelada por meio do corpo. Para os autores, "estar doente se mostra no corpo como sintoma". É o corpo que diz ao indivíduo "você está doente". No corpo há uma metáfora a se compreender, uma significação simbólica sobre os conflitos emocionais.

Fritz Perls (1977, p. 20), ao enunciar sua concepção de saúde, afirma: "Saúde é um equilíbrio apropriado da coordenação de tudo aquilo que somos". Explica que, quando dizemos que temos um organismo ou um corpo, "introduzimos uma divisão – como se existisse um eu que possuísse o corpo ou o organismo. Nós somos o corpo, somos alguém – Eu sou alguém". A Gestalt-terapia trata o organismo como corpo e indivíduo, deixando uma lacuna teórica na compreensão dos conceitos de corpo e subjetividade; de sujeito constituindo-se por intermédio da história das experiências de intercorporeidade vividas nas relações primárias entre criança-mãe outro-mundo. Laura Perls (1994, p. 37) procurou valorizar essa unidade corpo-eu ao brincar com as palavras *body* (corpo), *somebody* (alguém) e *anybody* (ninguém), inter-relacionando imagem corporal e personalidade: "Quando te sentes a ti mesmo como um corpo, és alguém (*somebody*). E quando não tens esse sentimento, é muito fácil sentir-se como ninguém (*nobody*)".

Corpo e organismo são distintos. Para Fritz Perls (1977, p. 19), "organismo é qualquer ser vivo que possua órgãos, que tenha uma organização e se autorregule". Sua linguagem é marcadamente biológica, deixando de contemplar a dimensão psicológica inserida no organismo como totalidade. Embora o organismo – corpo biológico formado pelos órgãos internos – contenha o corpo, não inclui a noção de eu, como entidade subjetiva que tem um organismo e dá vida ao corpo. Organismo se refere ao olho como órgão que vê; como corpo, inclui um sujeito que percebe, vê e olha aquilo que sua consciência capta. O organismo possibilita ouvir por meio do ouvido, o corpo ouve para escutar – ou não –, segundo o sujeito-eu que percebe o ambiente-objeto-outro. Corpo, portanto, é sujeito encarnado que pensa e sente o corpo que tem e é para o outro e para si. Alicia Fernández (2012, p. 43), com um olhar voltado para a subjetivação, faz uma magnífica distinção entre organismo e corpo: "O organismo nos provê de ouvidos, mas é no espaço intersubjetivo que aprendemos a escutar. O organismo facilita o ver e o ouvir, mas é no corpo (que não existiria sem a relação amorosa com outros) que se produz a aprendizagem do escutar e do olhar".

Na doença, há uma mensagem implícita de que a pessoa e seu corpo não estão estabelecendo um diálogo íntimo. Há uma cisão entre mente e corpo. O organismo-corpo, ao funcionar desconectado do eu e de seus pensamentos-desejos-sentimentos, leva a sensação de que o corpo não está sendo a morada do eu e, assim, a pessoa não sente ser dona dele. A saúde se dá quando ocorre a integração da unidade organismo-corpo-eu, na qual é constituído o sentido "eu sou meu corpo, o corpo que tenho sou eu e tudo que nele ocorre manifesta o meu eu". Essa premissa é reforçada por Rodrigues (2000, p. 79): "Pela ótica da Gestalt-terapia, enfocamos o eu em cada parte do corpo. Cada parte do corpo não é algo que pertence a mim (o meu fígado, a minha perna etc.), mas sim sou eu".

O corpo é sede de nossas sensações, emoções e sentimentos; comove-se diante dos fatos psicológicos. Quando sentimos tristeza, esse sentimento está presente em alguma parte de nosso corpo e de alguma forma, mesmo que não se tenha consciência ou não se aceite a tristeza. Nosso corpo fala em todo momento, sobretudo quando a boca se cala.

O corpo tem uma sabedoria organísmica inata. Quando a criança, por meio do corpo, manifesta espontaneamente a emoção, a excitação e o prazer, deixa o excitamento criativo e intuitivo guiar seu *self*, realizando ajustamentos criativos para atender à necessidade original e, desse modo, identificando-se com seu *self* em formação. Ao ver-se capaz de se satisfazer, reforça o que é organicamente seu e refuta as falsas identificações, não ficando sujeita a angústias, ansiedades, valores e pensamentos coercitivos dos pais e da sociedade, os quais perturbam a autorregulação e podem distorcer seu senso de identidade.

Segundo Ajuriaguerra e Marcelli (1986, p. 126), os distúrbios esfincterianos são marcados pela passagem de "um comportamento reflexo automático a um comportamento voluntário controlado". Ocorrem no período em que a criança tem a primeira tomada de consciência do eu por meio do corpo, que a faz pensar: "Eu agora sou capaz de controlar meu corpo, eu comando o meu corpo". Nesse ínterim, torna-se deflagrado o início do conflito autorregulação *versus* regulação externa, entre eu e o outro.

Tratarei, aqui, dos sintomas somáticos da enurese noturna e da encoprese apresentados pela criança em conflito psíquico com seu corpo diante dos dilemas ambientais. Para tanto, partirei da perspectiva da teoria organísmica, cujos conceitos de ajustamento criativo e autorregulação permitem-nos considerar que, na doença, há uma tentativa de cura, de retornar à saúde, ao equilíbrio do organismo. Será enfocada também a distinção entre organismo e corpo, corpo que fala por um sujeito silenciado em seu sofrimento emocional mediante a voz do sintoma corporal.

PSICOSSOMÁTICA DA CRIANÇA

O corpo é o lugar da expressão somática do sofrimento quando há deficiência na capacidade de representação mental devido ao pouco desenvolvimento das faculdades cognitivas, da escassa ligação dos pensamentos com a vida intrapsíquica. Assim, o mundo interno de emoções e sentimentos torna-se carente de entendimento:

> Sempre que o sofrimento psíquico não é suficientemente expresso a nível afetivo e ideativo – por emoções e pensamentos –, comunicado em palavras ou gestos e descarregado em atos, a saúde física periga e o caminho para a doença está aberto. (Matos, 2003, p. 90)

Em palavras mais diretas, quando a mente não pensa os sentimentos, pensamentos, comportamentos, o corpo padece; quando a boca se cala, o corpo fala. A mente mente, engana; o corpo não mente, expõe a verdade.

Para McDougall (1991), o distúrbio psicossomático introduz o conceito de regressão psicofisiológica para explicar a formação de um sintoma somático como reação a estados emocionais perturbadores. O indivíduo assim regride a um estado anterior vivido, em que depende de outro significativo responsável por sua sobrevivência física. A organização do sintoma psicossomático, segundo Bettencourt (2008), recapitula e concretiza a possibilidade de ameaça à sobrevivência e ao bem-estar do indivíduo.

O início do desenvolvimento psíquico da criança funda-se na relação primitiva entre o corpo do bebê e o da mãe, a qual dá origem à formação de sua subjetividade e vida imaginária. Segundo McDougall (1991, p. 33), "a vida psíquica começa com uma experiência de fusão que leva à fantasia de que existe apenas um corpo e um psiquismo para duas pessoas e que estas constituem uma unidade indivisível". Para o bebê, sua mãe e ele próprio são uma única pessoa. A autora explica que a fantasia do corpo-único tem seu protótipo biológico na vida intrauterina, onde o corpo-mãe deve prover as necessidades vitais dos dois seres. A persistência dessa experiência intercorporal no imaginário do bebê terá papel essencial na vida psíquica do recém-nascido e regerá seu funcionamento somatopsíquico.

A mãe, ao atender às demandas do bebê com um contato corporal protetor e caloroso (o que inclui tom de voz, modo de acolhê-lo nos braços, trocar roupa e fralda), traz alívio, recria a ilusão do Um e proporciona a possibilidade de integrar uma imagem interior de conforto e tranquilidade do ambiente maternal. A partir dessa experiência somatopsíquica com o corpo materno, o bebê cria uma representação psíquica do próprio corpo e do mundo externo, estabelecendo uma diferenciação progressiva paralela entre o que é somático e o que é psíquico. Esse processo inicial de diferenciação, segundo McDougall (1991), é o caminho do crescimento psicoemocional e da individuação, o que requer dupla separação – seu corpo e seu eu apartados do corpo materno e do eu subjetivo da mãe.

A autora ressalta que há mães que resistem ao movimento de separação ou de renúncia à sua presença física no percurso existencial dos filhos, o que abre caminho para o aparecimento de diversos problemas psicossomáticos. Para Marcelli (*apud* Almeida, 2016), o surgimento de uma doença psicossomática contribui para a instauração de uma relação de cuidado entre mãe e criança, sendo o (re)estabelecimento dessa relação fundamental para o retorno do equilíbrio emocional da criança e do sistema familiar. Na vivência clínica é evidente que as mães são mais sensíveis às manifestações psicossomáticas dos pequenos do que os pais, e que, de certa maneira, estão implicadas no surgimento das somatizações nos filhos.

Não há como negar a existência do externo e do interno em interconexão profunda. Essa é a linguagem do psiquismo que se revela no corpo, e a linguagem do corpo expõe nosso psiquismo carregado de emoções, sentimentos, desejos, pensamentos, fantasias. No corpo, a memória e as imagens são atemporais. Reich (1972) já afirmava que o inconsciente está no corpo total, e Leloup (1998, p. 73) engrandece essa afirmativa: "O corpo inconsciente guarda o segredo de nossa história pessoal e também da história coletiva. E, algumas vezes, nosso corpo somatiza problemas que não são nossos, que não são apenas aqueles da nossa primeira infância". A criança com sintomas psicossomáticos vem denunciar problemas nas interações pais-filhos, falhas nos cuidados primários corpóreo-afetivos, angústias e ansiedades trazidas pelos pais nas relações passadas do sistema transgeracional da família.

ENURESE NOTURNA

É considerado enurese noturna o distúrbio esfincteriano que ocorre após os 5 anos de idade. A criança faz xixi na cama à noite, mesmo já sendo capaz de controlar a urina durante o dia. O DSM-V (2014) descreve que a faixa etária mais comum de início da enurese secundária é entre 5 e 8 anos, mas pode ocorrer em qualquer idade. O problema é mais comum em indivíduos do sexo masculino, e o risco relativo de ter um filho que desenvolva enurese é maior para pais com histórico de enurese do que para mães com o mesmo histórico.

Ajuriaguerra e Marcelli (1986) destacam a enurese primária e a secundária. A primária se dá quando não houve a experiência da aquisição do controle ou houve atraso no controle da micção; a secundária caracteriza-se pela existência temporária de um período anterior de controle da urina.

Organicamente, a criança torna-se apta a exercer o controle vesical após os 2 anos de idade, quando alcançou certa maturação neurofisiológica. O período de aprendizado do controle esfincteriano (2-4 anos) desperta na criança a consciência de que "agora sou capaz de dominar meu corpo, tenho vontade própria". Ela sente prazer nessa experiência de aprender a controlar o corpo, tem sensações de alívio e gratificação na eliminação da urina e das fezes; algumas brincam com seus produtos corporais, descobrindo que agora podem ofertá-los ao ambiente. Ao iniciar o treinamento esfincteriano, o qual geralmente é provocado pela mãe, a criança passa da liberdade e do prazer para a responsabilidade e o controle do próprio corpo, tendo de aprender a se preocupar em agradar à mãe e receber aprovação familiar e social. Soifer (*apud* Oliveira, 2002) afirma que a enurese pode aparecer quando a ansiedade da criança, durante a aprendizagem do controle esfincteriano, não é elaborada ou quando há falhas dos pais no ensinamento desse comportamento.

Conforme Ferrari *et al.* (2015), a enurese predomina nos meninos por ter efeito de autocrotização, podendo ser considerada um equivalente masturbatório pelo prazer que o menino sente na ereção ao querer urinar e no prazer em fazê-lo sem ter controle. Esse sintoma traz à tona o drama do controle e da pressão ambiental que a criança pode estar vivendo na família. Muitos pais julgam que ela faz isso por rebeldia, fraqueza ou por querer agredi-los, o que os leva a um modo inadequado de lidar com a situação.

A enurese ainda pode ser interpretada como uma tentativa de afirmação viril, segundo Ajuriaguerra e Marcelli (1986). O menino entra em disputa com o pai, a quem vê como rival, agindo disfarçadamente para se opor ao seu poder masculino. A mãe é a figura desejada na família e, se age com complacência, bem como o pai, saindo da cama do casal, retomando o uso da fralda ou a troca de roupa enquanto a criança dorme (não a acordando), o benefício secundário de receber o cuidado materno exclusivo será reforçado, o que retardará o desejo de autonomia e de adquirir controle do próprio corpo, obstruindo assim o processo de crescimento emocional em direção à autorregulação e à autoconfiança para enfrentar o ambiente. O menino desenvolve, assim, uma atitude passivo-agressiva, podendo não aprender a defender-se, não saber argumentar, não contrariar o outro, chorar facilmente quando frustrado ou provocado e fazer birras quando contrariada, caracterizando uma conduta infantil e frágil diante do outro forte e temido.

Geralmente, a enurese surge após fatos geradores de ansiedade – como ingresso na escola, separação dos pais, nascimento de irmão, mudança de cidade, perda de um ente querido, hospitalização –, os quais levam a criança a uma regressão ao estágio de bebê, em que não tem domínio e consciência sobre o corpo, não pensa em seus atos e sentimentos, age instintivamente com o intuito inconsciente de obter o benefício de se fazer cuidar. As mensagens subjacentes para as figuras parentais são: "Cuide primeiro do meu corpo e de mim. Tenho medo de crescer, de me separar da minha mãe, de perder o amor dos meus pais".

Há uma incidência elevada desse sintoma em crianças abrigadas em instituições sociais, o que coaduna com o significado da enurese como apelo e desejo de receber o tratamento infantil exclusivo da relação primária mãe-bebê, do qual foram privadas. Nesse sentido, Oliveira (2002) descreve que crianças com enurese sofrem de dificuldades afetivas, de rejeição familiar, baixa autoestima e estigma social. Carregam consigo sentimentos de punição, raiva, vergonha e culpa.

Dahkle e Kaesemann (2014, p. 376) compreendem a enurese como "uma forma alternativa de choro, um choro inferior, por assim dizer, quando em cima não é consentido". Também se referem a ela como "lágrimas noturnas", no sentido de a criança expressar à noite uma angústia que de dia não pôde manifestar. Em seu ajustamento criativo, cria o sintoma para dar voz aos seus medos, inseguranças, sentimentos de ciúme, inveja e raiva da relação amorosa entre os pais, da mãe com o irmão recém-nascido, da separação (perda de uma figura parental), do controle ambiental, do treinamento esfincteriano feito de modo inadequado (muitas vezes desrespeitando o ritmo próprio do organismo da criança). Os pais, em algum momento, podem se perguntar: o que deixa meu filho tão triste? O que o faz se sentir pressionado e com medo? Por que não consegue controlar seu corpo? O que quer nos dizer e expressar à noite?

Esse sintoma então mostra um fundo mais amplo de aspectos psicológicos, sinalizando regressão, imaturidade emocional (da criança e dos pais), descarga de ansiedade e de agressividade; o objetivo é fugir do controle e da pressão ambiental a fim de preservar sua individualidade, que sente estar ameaçada. Pode ainda representar certa dificuldade dos pais de lidar com separação e autonomia, apontando para a manutenção de um vínculo de dependência emocional mútua entre a criança e as figuras parentais. É pelo xixi que a criança despeja para fora tudo que não aguenta dentro dela, tudo que a angustia – o medo de crescer, a hostilidade contra a mãe, a rejeição ao controle externo. Para Almeida (2016), a impossibilidade de exprimir agressividade pode estar na origem de um grande número de manifestações somáticas.

Assim, é fundamental que o terapeuta trabalhe a energia agressiva e o fortalecimento do eu, dê à criança senso de responsabilidade pelo controle de sua enurese, utilize experimentos que lhe permitam obter consciência do corpo e retomar a autorregulação organísmica original para promover mudanças de comportamento, sentimentos e pensamentos. Tanto a criança quanto os pais necessitam aprender a aceitar a autonomia e a separação, enfrentar a pressão e a hostilidade ambiental, suportar as adversidades do dia no intuito de conquistar o poder pessoal e a autoconfiança, que propiciam o desenvolvimento da habilidade de expressão emocional. O que os pais devem evitar é a crítica, a repreensão e o castigo, para não agravar o sintoma nem elevar a ansiedade, a culpa e a vergonha.

ENCOPRESE

Conforme o DSM-5 (2014, p. 358), a encoprese é caracterizada pela eliminação de fezes em locais inadequados, como roupa ou chão. É involuntária, mas ocasionalmente pode ser intencional. São reconhecidos dois subtipos: 1) com constipação e incontinência por extravasamento; 2) sem constipação e incontinência por extravasamento. No primeiro subtipo, a eliminação pode ser infrequente e apenas parte das fezes é evacuada durante a ida ao banheiro. No segundo, a defecação é intermitente, "podendo as fezes serem depositadas em um local destacado, o que normalmente está associado à presença de transtorno de oposição desafiante ou transtorno de conduta, ou pode ser consequência de masturbação anal" (idem). A idade cronológica mínima é de 4 anos.

Alguns autores, de base analítica, consideram a encoprese vinculada ao desenvolvimento da moralidade (certo *versus* errado, bom *versus* mau), sedimentando-se, assim, em sentimentos ambivalentes da criança dirigidos aos pais e a si própria. Para Winnicott (1983), o ensino das normas de limpeza e moralidade pode ser feito de duas maneiras: a primeira seria forçando a criança a aceitar tais normas sem integrá-las à sua personalidade (processo de introjeção) – o que acarretaria obediência, mas prejudicaria o processo de identificação saudável. A segunda seria facilitando as tendências inatas para a moralidade, em que a criança adquire, aos poucos, o sentido de envolvimento, a capacidade de se preocupar e sentir responsabilidade.

Com a aquisição do controle esfincteriano, a criança experimenta, pela primeira vez, o sentimento de propriedade em relação ao seu corpo e aos seus excrementos na condição de objeto de troca, vendo-se assim imbuída do poder de atender ou não às demandas da mãe (Dolto *apud* Pinto e Reis Neto, 2012), que é quem dá início ao processo de controle dos esfíncteres, o qual introduz a aprendizagem do dar e receber.

Nesse período específico (2 a 3 anos), a criança é motivada a renunciar às fezes, que são uma parte de si mesma (e que ela entende que são ela também). Para iniciar o treinamento é necessário que a mãe manifeste o desejo de que a criança use o vaso sanitário e entregue as fezes, como prova de amor e para promover a experiência excitante do corpo de evacuar (Barbieri, Ujikawa e Mishima, 2011). No entanto, é preciso também que a criança demande *à mãe* ("eu quero fazer cocô") para demonstrar que entendeu o desejo anterior dela ("você quer fazer cocô?").

O ânus é um orifício do corpo cuja função é reter e expulsar. Em um paralelo psicofísico, quando as fezes saem do ânus, a criança dá ao ambiente um produto do seu corpo. Contudo, para que as fezes saiam é preciso que antes o alimento tenha entrado pela boca, dado pela mãe, cujo ato é revestido de troca afetiva (boa ou má). Quando a criança, nesse processo, sente que recebe o cuidado amoroso da mãe, agirá para recompensá-la, exercendo o controle das excreções.

Muitos pais iniciam esse treinamento antes dos 2 anos de idade, crendo que a criança já seja capaz de aprender a reter e expulsar as fezes. Enganam-se. A criança pode até aprender por coerção, com medo de contrariá-los, mas os sintomas da falta de respeito a seu corpo e cérebro se mostrarão mais tarde como sintomas de constipação e encoprese, entre outros de ordem gastrointestinal. O fato é que a maturação do cérebro para estabelecer as conexões neuronais do controle motor-muscular sobre o corpo só se dá a partir dos 2 anos de idade. Mães ansiosas e tensas, pouco respeitadoras dos ritmos próprios do corpo da criança, perturbarão o processo autorregulatório do organismo de identificação das necessidades originais, o que futuramente poderá causar desajuste psicológico referente ao dilema do controle *versus* descontrole (tanto de ordem corporal quanto emocional).

Encontramos também as mães funcionais, cuja preocupação é ocupar-se corretamente do filho, dando assistência eficiente às suas necessidades físicas e reais, mas sem oferecer um contato amoroso. É aquela mãe que se preocupa mais com o papel materno a desempenhar do que com a própria criança em suas necessidades afetivas.

Assim, a evacuação cotidiana das fezes demonstra a existência de uma boa relação com os pais. A criança reconhece viver em um ambiente merecedor de receber o conteúdo interno do seu corpo, o qual simboliza ela própria. É boa porque a troca afetiva do dar e receber entre mãe e criança a satisfaz e nutre.

A teoria psicanalítica considera que as fezes têm o significado de "tesouro/presente" ou de "nojo/repugnância", o que dependerá das vivências que a criança estabelece com a mãe e o pai no treinamento de sua expulsão. Se os pais, ao ensinarem o controle das fezes, agem com excitamento e prazer ("Vamos fazer cocô", "Que bom! Parabéns! Tchau, cocô!") quando ela evacua no vaso, ela entenderá que aquilo que sai do seu corpo é agradável para os pais, é um presente que os faz vibrar com ela e o seu produto. Pensará que é amada e vale a pena entregar-lhes o conteúdo produzido por ela. Caso os pais ajam com repulsa, a criança entenderá que é objeto de desagrado e nojo, que é má, estabelecendo o conflito da ambivalência dos sentimentos de ódio (mágoas e ressentimentos) e amor, com condutas de relutância para entregar seus presentes ao mundo.

Nesse contexto, o valor sintomático da encoprese consiste em comunicar o conflito da ambivalência não integrada (Drake *apud* Barbieri, Ujikawa e Mishima, 2011), no qual a criança aprende a conter a agressividade por temer que a expressão da raiva seja destrutiva da figura parental amada. A relação, portanto, é firmada na ambivalência dos sentimentos contraditórios de amor e ódio, revestidos dos conflitos entre certo/errado e bom/mau.

Na pesquisa de mestrado de Bettencourt (2008) sobre a encoprese em crianças de 7 a 12 anos, os resultados indicaram que o brincar desses sujeitos era enrijecido e pouco criativo devido a um rígido controle dos impulsos. Esse controle origina-se no seu relacionamento com a mãe e na dificuldade da mãe de elaborar a própria ambivalência, a qual funciona com hipercontrole sobre suas condutas. Ao se impor um controle exagerado, projeta seu conflito de controle na criança, desencadeando nela reações defensivas (como a retroflexão) para lidar com a angústia de ter de bloquear seus impulsos agressivos espontâneos. A criança desenvolve, assim, um funcionamento centrado no cognitivo, um modo prático e orientado para a realidade, um comportamento obediente.

Um menino de 5 anos iniciou psicoterapia por apresentar constipação e episódios de encoprese. Já chegara a ficar dez dias sem evacuar, tendo de usar supositórios para eliminar as fezes. Nesses dias de retenção, tinha crises de irritabilidade e perturbação do sono, atuando exatamente como alguém que está "enfezado", cheio de fezes acumuladas

– elementos tóxicos que obstruem o fluir espontâneo e natural do organismo. Em dado momento da terapia, despejou verbalmente: "Minha barriga vai ficar como uma pedra, porque não quero dar nada para minha mãe. Ela não merece, não me dá atenção, só pensa em trabalhar". A voz do sintoma nessa situação surgiu com conteúdo de oposição, rebeldia e raiva diante da mãe funcional, racional, desatenta com os anseios afetivos do filho.

Há também a compreensão de que a criança, quando retém as fezes na cueca, expressa uma necessidade de encobrir o ânus, a fim de se proteger de algo externo gerador de ansiedade e medo. Para ilustrar essa afirmação, cito o caso de um menino de 4 anos que sofreu abuso sexual com indicadores de ter havido manipulação do seu pênis e introdução de algum objeto em seu ânus. Ora retinha as fezes por alguns dias, ora as liberava. Ele soltava as fezes inesperadamente no chão da casa quando sentia vontade/necessidade logo após negar que tinha desejo de fazer cocô, como se recusasse dar o conteúdo precioso dele (o seu amor) no momento solicitado; entregava as fezes de forma agressiva, para ser vistas, cheiradas e sujar o ambiente. Para Anzieu (*apud* Bettencourt, 2008, p. 56), a criança encoprética "deixa antever, também, a possibilidade da utilização do cheiro das fezes como envelope olfativo compensador, que é simultaneamente um mecanismo defensivo secundário de afastamento relacional". Por trás desse ato, a criança apresenta a necessidade de manter o outro a distância, mas paradoxalmente deseja receber os cuidados funcionais de limpeza (em que ocorre o contato corpo a corpo) a ser dados pelos cuidadores. O pai acusava a mãe de ser irresponsável com a saúde física e emocional do filho. A mãe era negligente com as doenças deste, não o levava ao médico quando necessário, não se oferecendo como suporte para seus cuidados físicos e afetivos. Ademais, duvidava da ocorrência do abuso, uma vez que a suspeita recaía sobre um filho de 9 anos, fruto de outro casamento. Simbolicamente, essa atitude da criança representava uma tentativa de condenar e punir os pais por não oferecerem um ambiente de proteção, cuidado, compreensão, escuta de sua angústia, ansiedade e medo. As fezes, portanto, estão para além da esfera educativa – aquisição do hábito da higiene – e biológica – amadurecimento neuromuscular; assumem valor psicológico importante na constituição subjetiva da criança centrada em aspectos relacionais que envolvem a capacidade de dar amor (dar uma parte de si mesma) e recebê-lo (ser um presente para o outro), de oposição e liberação da agressividade.

Em conclusão, o trabalho terapêutico deve incluir os pais, primordialmente, com o fim de orientá-los para que ofereçam um ambiente de cuidado, atenção amorosa, respeito ao corpo da criança; realizar dinâmicas que despertem a consciência corporal sobre as sensações e excitações organísmicas relacionadas com prazer, desconforto, tensão; auxiliar a criança na compreensão do significado de seu sintoma por meio de histórias e recursos lúdicos relacionados com a situação conflitiva interna (os sentimentos e pensamentos contraditórios) e externa, vivida com os pais controladores, ainda presos nos próprios conflitos infantis não resolvidos de amor/raiva, controle/descontrole, autonomia/dependência.

REFLEXÕES FINAIS

"Quase sempre, após a superação da doença na criança, é possível reconhecer uma evolução rumo à individuação. A criança torna-se mais ela mesma, desenvolve sua personalidade."

(DAHKLE E KAESEMANN, 2014)

As somatizações da criança, como figura-sintoma, têm como fundo dificuldades na conduta dos pais em relação a cuidado e controle do corpo, o qual é foco dos conflitos psicológicos geradores de sentimentos contraditórios de amor/ódio, certo/errado, bom/mau.

É relevante pensar que a criança produz esses sintomas levando em conta as mensagens implícitas e as angústias da mãe, que não consegue prover suas necessidades afetivo--emocionais por estar enredada nos próprios conflitos conjugais e infantis de controle/descontrole. Os sintomas apresentados são mais bem compreendidos considerando o campo familiar em que a criança está inserida, identificando os aspectos comportamentais e psicodinâmicos dos pais. Qualquer diagnóstico deve ter como base a exploração da criança em relação ao ambiente, ao outro, ao mundo, e levar em conta seus fatores neuropsicológicos maturacionais.

A enurese e a encoprese simbolizam ausência de controle do funcionamento do corpo, o qual tem como fundo a necessidade de expressar a raiva, que se encontra temida e reprimida. Quando a criança elimina a urina e as fezes adequadamente, indica estar realizando a integração psíquico-corporal de forma saudável, em que reconhece tanto ser dona do corpo como ter um eu que tem desejos, vontades, necessidades a ser expressas. Enquanto na enurese noturna há a questão "o que a criança está dizendo à noite que não expressa de dia?", na encoprese a indagação é "o que a criança está dizendo por trás que não diz pela frente?".

Para a Gestalt-terapia, o sintoma constituído é parte da existência da totalidade da pessoa e revela uma dinâmica psicológica tentando se organizar criativamente, da melhor forma possível, para manter a saúde psíquica. O indivíduo é uma unidade integrada, em que corpo e mente são inseparáveis, e o corpo ocupa um lugar essencial no processo de constituição da subjetividade da criança, sendo a memória de todas as sensações, emoções e imagens vividas desde os primórdios da vida.

> Ocupar-nos com o corpo e as possibilidades de entender suas mensagens, recuperando assim o equilíbrio e a saúde, requer um encontro conosco, com o que somos e o que negamos, com o que nos une e o que nos diferencia, indo além dos limites absurdos a que nos confina o ego. (Schnake, 2006, p. 53)

A criança com sintomas é a voz que denuncia o mal-estar nas relações familiares e clama pela cura desse sistema íntimo, assumindo inconscientemente a missão de salvar a todos.

REFERÊNCIAS

Ajuriaguerra, J.; Marcelli, D. *Manual de psicopatologia infantil*. São Paulo: Masson, 1986.

Almeida, A. L. *A psicossomática na criança: uma revisão*. Portal dos psicólogos, Coimbra, 2016. Disponível em: <https://www.psicologia.pt/artigos/ver_artigo_licenciatura.php?a-psicossomatica-na-crianca-uma-revisao&codigo=TL0395&area=D4A>. Acesso em: 27 maio 2018.

American Psychiatric Association. DSM-5. *Manual diagnóstico e estatístico de transtornos mentais*. Porto Alegre: Artes Médicas, 2014.

Antony, S. "Os ajustamentos criativos da criança em sofrimento: uma compreensão da Gestalt-terapia sobre as principais psicopatologias da infância". *Revista Estudos e Pesquisas em Psicologia*, v. 9, n. 2, 2009. Disponível em: <http://pepsic.bvsalud.org/scielo.php?script=sci_arttext&pid=S1808-42812009000200007>. Acesso em: 27 maio 2020.

Barbieri, V.; Ujikawa, M. I.; Mishima, F. K. "O amor e o ódio no brincar da criança com encoprese". *Revista Tempo Psicanalítico*, v. 42, n. 3, 2011.

BERTHERAT, T. *O corpo tem suas razões: antiginástica e consciência de si.* 9. ed. São Paulo: Martins Fontes, 1985.

BETTENCOURT, C. *Estrutura de um estudo exploratório sobre encoprese em crianças de 7 a 12 anos: abordagem psicodinâmica.* Dissertação (mestrado em Psicologia), Universidade de Lisboa, Portugal, 2008.

DAHKLE, R.; KAESEMANN, V. *A doença como linguagem da alma na criança: interpretação e significado de quadros clínicos em crianças e seu tratamento holístico.* São Paulo: Cultrix, 2014.

DETHLEFSEN; DAHKLE, R. *A doença como caminho: uma visão nova da cura como ponto de mutação em que um mal se deixa transformar em bem.* São Paulo: Cultrix, 1983.

FERNÁNDEZ, A. *A atenção aprisionada: psicopedagogia da capacidade atencional.* Porto Alegre: Artmed, 2012.

FERRARI, R. A. et al. "Enurese noturna: associações entre gênero, impacto, intolerância materna e problemas de comportamento". *Psicologia: teoria e prática*, v. 17, n. 1, São Paulo, abr. 2015, p. 85-96.

GOLDSTEIN, K. [1932]. *The organism.* Nova York: Zone Books, 2000.

LELOUP, J. Y. *O corpo e seus símbolos: uma antropologia essencial.* Petrópolis: Vozes, 1998.

MATOS, A. C. *Mais amor, menos doença: a psicossomática revisitada.* Lisboa: Climepsi, 2003.

MCDOUGALL, J. *Teatros do corpo: o psicossoma em psicanálise.* São Paulo: Martins Fontes, 1991.

OLIVEIRA, J. *Vivências cotidianas de mães de crianças enuréticas.* Dissertação (mestrado em Psicologia), Pontifícia Universidade Católica de Campinas, Campinas (SP), 2002.

PERLS, F. *Gestalt-terapia explicada.* São Paulo: Summus, 1977.

PERLS, L. *Viviendo en los límites.* Valencia: Promolibro, 1994.

PINTO, A. C.; REIS NETO, R. "Psicanálise com crianças: considerações sobre o sintoma da encoprese". *Estudos de Psicanálise*, n. 37, jul. 2012, p. 15-24.

REICH, W. [1933]. *Análise do caráter.* São Paulo: Martins Fontes, 1972.

RODRIGUES, H. *Introdução à Gestalt-terapia: conversando sobre os fundamentos da abordagem gestáltica.* Petrópolis: Vozes, 2000.

SCHNAKE, A. *La voz del síntoma: del discurso médico al discurso organísmico*. Santiago: Cuatro Vientos, 2006.

WINNICOTT, D. *O ambiente e os processos de maturação: estudos sobre a teoria do desenvolvimento emocional*. Porto Alegre: Artes Médicas, 1983.

O SILÊNCIO: UMA ATITUDE TERAPÊUTICA COM CRIANÇAS COM TRANSTORNO DO ESPECTRO AUTISTA

TAÍS APARECIDA AUGUSTO

"Se você não consegue entender o meu silêncio de nada adiantarão as palavras, pois é no silêncio das minhas palavras que estão todos os meus maiores sentimentos."

(OSCAR WILDE)

INTRODUÇÃO

O que nos une como seres humanos não é necessariamente o visível e o palpável, mas sim o invisível e o impalpável, aquilo que está no entre da relação, o que construímos na prática da Gestalt-terapia.

Sou muito grata por ser psicoterapeuta infantil e por atender a crianças com o transtorno do espectro autista (TEA). Apaixonada por tudo o que aprendi, reconfigurei-me e continuo aperfeiçoando nos meus atendimentos a disponibilidade para acolher a singularidade e afirmar encontros com quem não estabelece diálogos nos primeiros momentos, mas precisa estar em vínculos longos para conseguir se expressar.

Mediante a relação dialógica e a postura fenomenológica, vou fazendo parte e sendo parte do outro em mim. Assim, concordo com Hycner (1997), pois acredito que a relação dialógica está a serviço da presença e da compreensão da totalidade em todas as dimensões do ser humano.

No decorrer deste capítulo, apresento brevemente a minha compreensão sobre o transtorno e, como Gestalt-terapeuta, sobre um caso clínico. Descrevo, também, como somos cativados por aqueles que tentam nos ensinar o não comunicar e a viver no aqui e agora, numa compreensão fenomenológica.

TRANSTORNO DO ESPECTRO AUTISTA: PERSPECTIVA HISTÓRICA

Na literatura psiquiátrica, desde o início do século XVIII são encontradas descrições de casos isolados do que hoje se reconhece como TEA. O psiquiatra suíço Eugen Bleuler descreveu a síndrome realçando um sintoma principal: a dissociação. As crianças identificadas por ele como autistas foram retratadas como se estivessem fora da realidade, associando-se o termo autismo "[...] a um conjunto de comportamentos básicos da esquizofrenia" (Pereira, 1996, p. 83).

O primeiro trabalho científico publicado e reconhecido internacionalmente sobre o assunto foi realizado pelo psiquiatra Leo Kanner (1943), que estudou, nos Estados Unidos, um grupo de crianças cujo comportamento descreveu como "marcada e distintivamente" diferente do da maioria. Segundo o psiquiatra, apesar de terem uma aparência física normal, aquelas crianças mostravam um isolamento extremo.

Kanner foi o primeiro a criar uma identidade ao transtorno do espectro autista diferenciada das outras perturbações de desenvolvimento. Ao longo do seu estudo, percebeu que as crianças as quais acompanhava tinham incapacidade para estabelecer um relacionamento interpessoal e atraso na aquisição da fala, além de usarem pronomes na terceira pessoa para falar de si mesmas. Ademais, ele chegou a uma característica fundamental do autista: a insistência obsessiva em manter rotinas, demonstrando enorme repugnância a novas atividades.

Hans Asperger, um pediatra de Viena, publicou um trabalho em 1944 no qual descreveu um grupo de rapazes com QI médio, mas com dificuldade de se socializar. Os pais e professores dos rapazes do referido grupo os descreviam como "academicamente brilhantes, mas socialmente um pouco estranhos". As descrições de Asperger são, no entanto, mais amplas, sugeridas com novas características sobre a doença que não foram referidas por Kanner.

Rutter (1979) identificou três critérios para distinguir as crianças com autismo das excepcionais: deficiência grave no relacionamento com os pais, desenvolvimento deficiente e retardado da linguagem e presença de comportamentos ritualistas e estereotipados, os quais aparecem normalmente antes dos 3 anos de idade.

Em 1979, Wing e Gould publicaram os resultados do seu estudo, os quais confirmavam que, embora as crianças com autismo apresentassem variadíssimas dificuldades, existiam três áreas de incapacidade: linguagem e comunicação, competências sociais e flexibilidade de pensamento ou de imaginação. Dessa forma, a "tríade de incapacidades" de Wing tornou-se a base do diagnóstico.

COMPREENDENDO O TRANSTORNO DO ESPECTRO AUTISTA

O autismo é considerado um desafio para todos os profissionais que se dedicam a compreendê-lo. Poucas patologias têm suscitado tanto interesse e controvérsia como o espectro do autismo.

Segundo García e Rodríguez (1997, p. 123), "não é tarefa fácil definir o que é o autismo [...] decidirmo-nos apenas por uma definição de autismo é procurar o impossível". No entanto, pode-se afirmar que se trata de uma perturbação do desenvolvimento essencialmente caracterizada por grandes dificuldades na comunicação e no funcionamento social (Siegel, 2008).

Autismo é uma palavra de origem grega: "autos", que significa "próprio" ou "em si mesmo", acrescido do sufixo "ismo", o qual remete a ideia de orientação ou estado. Assim, autismo indica uma condição ou estado de alguém com tendência a se alienar da realidade exterior; uma atitude de permanente concentração em si próprio.

A National Society for Autistic Children considera o autismo uma inadequação de desenvolvimento que se manifesta de modo grave, durante toda a vida, e atinge mais os rapazes. Já segundo Siegel (2008), o autismo é uma perturbação do desenvolvimento que afeta múltiplos aspectos da forma como a criança vê o mundo e aprende a partir de suas experiências.

Em suma, o universo do autismo é uma realidade complexa que engloba conceitos distintos, mas que se cruzam em determinados pontos. A evolução de sua terminologia ocorrida ao longo do tempo tem convergido para um melhor esclarecimento da perturbação autista, embora seja necessário ter em conta que as características identificadas não estão presentes em todos os indivíduos, nem se manifestam sempre do mesmo modo.

TEORIAS SOBRE A ORIGEM DO TRANSTORNO DO ESPECTRO AUTISTA

Várias teorias foram propostas para determinar a origem do autismo; no entanto, não se conhece nenhuma específica, pois se trata de uma perturbação complexa em que nenhuma pessoa é igual à outra. Assim, o mais provável é que esse transtorno seja originado por múltiplos fatores.

As teorias que foram surgindo dividem-se essencialmente em três: as psicogenéticas, as biológicas e as cognitivas. Apesar de investirem em áreas bastante diferentes, existem mais complementaridade que divergências entre elas, o que permite uma identificação cada vez mais clara e operacional do transtorno.

1. Teorias psicogenéticas

Inicialmente, Kanner, em 1940, considerou o autismo uma perturbação do desenvolvimento constitucionalmente determinada, apresentando a hipótese de um componente genético. Mais tarde, no entanto, ele foi influenciado pelas teorias psicanalíticas.

As teorias psicogenéticas têm raiz nas teorias psicanalíticas, as quais defendem que as crianças com esse tipo de patologia eram normais no momento do seu nascimento, mas, devido a fatores familiares adversos no decorrer do seu desenvolvimento, desencadearam um quadro autista. Dessa forma, segundo essas teorias,

> [...] as perturbações do espectro do autismo seriam provocadas por conflitos psicodinâmicos entre mãe e o bebê, ou devido a uma ansiedade existencial extrema sofrida pela criança, podendo ser resolvidas por meio dos conflitos originais que lhe deram origem. (Kanner, 1943)

Nesse sentido, o autismo seria uma perturbação emocional, atribuindo-se os déficits cognitivos e linguísticos das crianças com esse transtorno ao isolamento social, e não a quaisquer perturbações biológicas. No entanto, Kanner abandonou essa teoria em meados de 1943, recuperando a base genética explicativa da perturbação autista e defendendo a existência de um déficit inato, impeditivo de uma relação adequada com o ambiente.

2. Teorias psicológicas

Por volta dos anos 1980, surgiu uma nova teoria psicológica explicativa do autismo: a "teoria da mente". Em 1988, seu autor, Simon Baron-Cohen, sugeriu que a tríade de incapacidades comportamentais presentes no autismo resultaria de um impedimento da competência humana fundamental de "ler a mente dos outros".

Essa teoria pretendeu identificar os problemas fundamentais responsáveis pelos déficits sociais no autismo como falha no mecanismo mental da metacognição, aquele que coordena o "pensar acerca do pensamento", de acordo com Marques (2000).

De modo geral, a teoria da mente traduz-se na capacidade de o indivíduo compreender os estados mentais dos outros, incluindo pensamentos, desejos e crenças, a qual funciona como instrumento precioso, permitindo a compreensão e a predição do comportamento dos outros.

Com relação ao autismo e suas perturbações associadas, essa teoria sugere que as pessoas afetadas por um transtorno dessa natureza falham ou se atrasam no desenvolvimento da competência de adaptar os pensamentos dos outros, estando, assim, limitadas de certas aptidões sociais, comunicativas e imaginativas em que o pensamento é extremamente concreto.

3. Teorias biológicas

As investigações relativas às perturbações do espectro autista defendem que existe uma origem neurológica de base. Relata-se o autismo como fruto da "[...] associação com uma enorme variedade de distúrbios biológicos, incluindo paralisia cerebral, rubéola [...] toxoplasmose, infecções por citomegalovírus, encefalopatia, esclerose tuberosa, meningite, hemorragia cerebral e vários tipos de epilepsia" (García e Rodríguez, 1997, p. 73).

Nesse sentido, aceita-se que o autismo resulta de uma perturbação em determinadas áreas do sistema nervoso central que acaba por afetar o desenvolvimento cognitivo e intelectual, a linguagem e a capacidade de estabelecer relações.

Estudos genéticos: genes, cromossomos e autismo
A genética vem assumindo papel cada vez mais proeminente na determinação da etiologia do espectro autista. Para isso, têm sido realizados diferentes estudos com o objetivo de determinar o(s) gene(s) responsável(is) pelo autismo e de que forma este(s) afeta(m) o desenvolvimento das perturbações do transtorno.

García e Rodríguez (1997) concluíram que o distúrbio genético de maior prevalência no autismo é a síndrome do X frágil, a qual se caracteriza por uma anomalia nas moléculas de ADN do cromossomo sexual. Nesse sentido, os rapazes são mais afetados. No entanto, Marques (2000, p. 201) afirma que, "apesar de ter vindo a ser detectada uma grande variedade de anomalias genéticas em indivíduos com perturbações do espectro do autismo, a forma como essa anomalia afeta o desenvolvimento ainda não é conhecida".

Estudos neurológicos
Os neurologistas identificaram um vasto número de perturbações nas crianças com autismo que podem ser atribuídas a malformações no neocórtex, nos gânglios basais e em outras estruturas.

> Acredita-se que existe um defeito congênito no sistema nervoso central, com efeitos imediatos e permanentes nos aspectos socio-emocionais do comportamento [...] pode também produzir malformações ao nível do sistema sensorial e motor, através de uma atrofia, donde resultam os defeitos linguísticos associados ao autismo. (Pereira, 1996, p. 107)

Por meio das investigações na área da neuropatologia (ramo da neurologia que estuda doenças do sistema nervoso), considera-se que o espectro autista é provocado por um desenvolvimento cerebral anormal, que se inicia no nascimento e se manifesta no comportamento durante a infância, principalmente quando há o aparecimento da linguagem.

Estudos neuroquímicos
Inúmeras investigações bioquímicas relacionadas com essa patologia realçam o papel dos neurotransmissores. Essas substâncias constituem os mediadores bioquímicos relacionados com as contrações musculares e a atividade nervosa. O excesso e/ou falta destes pode causar alterações no comportamento.

Essas investigações incidiram sobretudo na serotonina e em alguns peptídeos que podiam atuar como neurotransmissores. Embora não existam resultados que confirmem que os níveis dessas substâncias alterem sintomas ou comportamentos, "alguns pais que têm retirado da dieta dos seus filhos alimentos ricos nestes elementos relatam mudanças de comportamento, mas os resultados ainda não são conclusivos" (Marques, 2000, p. 92).

Estudos imunológicos
De acordo com Pereira (1996), estudos imunológicos sugerem que a sintomatologia do autismo pode surgir devido a infecções virais intrauterinas, como a rubéola gravítica, infecção pós-natal advinda da própria gestação, ou a uma infecção congênita.

CARACTERÍSTICAS GERAIS DO TEA
As características comportamentais que distinguem as crianças autistas das que apresentam outros tipos de

perturbação do desenvolvimento relacionam-se basicamente com a sociabilidade, o jogo, a linguagem, a comunicação no seu todo, bem como com o nível de atividade e o repertório de interesses.

À medida que vão crescendo, essas crianças tornam-se mais predispostas a participar passivamente da interação social. Contudo, podem conviver com as outras pessoas de forma pouco usual, com dificuldades de estabelecer vínculos primários e duradouros.

Outra característica é o fato de apresentarem déficits no entendimento social, porém os compensam aprendendo muitas regras de comportamento em sociedade, assimilando-as de forma rígida. Além disso, têm dificuldade de identificar as emoções e os sentimentos no outro.

De acordo com Marques (2000), as crianças com TEA podem apresentar as seguintes características:

- dificuldade de descodificar expressões ou emoções (próprias ou no outro);
- interesses repetitivos e estereotipados;
- rituais compulsivos;
- resistência à mudança;
- dificuldade de expressar necessidades;
- apego inadequado a objetos;
- maneirismos motores estereotipados e repetitivos;
- alheamento;
- hiperatividade;
- comportamentos auto e heteroagressivos;
- choros e risos imotivados;
- necessidade de estimular a si mesmas;
- ausência de linguagem falada;
- ecolalia;
- discurso na segunda ou na terceira pessoa;

- linguagem idiossincrática (significados próprios);
- linguagem rebuscada;
- hiporreatividade;
- reatividade flutuante;
- extrema passividade.

VINHETA CLÍNICA

D. é uma criança do sexo masculino, nascida em 2010, que chegou à psicoterapia com 5 anos. De acordo com sua ficha de anamnese, foi uma gravidez desejada e, ao longo do período pré-natal, recebeu assistência médica semanalmente do sétimo mês até o bebê nascer, não tendo nenhum tipo de problema nessa fase.

Entretanto, surgiram complicações no momento do parto. Devido à pouca dilatação uterina e à insistência da médica que acompanhou a gravidez em realizar o parto normal, foi necessário realizar cesariana de urgência, pois já existia sofrimento fetal devido à falta de oxigênio e o cordão umbilical estava em volta da garganta e do nariz do bebê.

Desde o nascimento, D. mostrou ser uma criança simpática, carinhosa e de relacionamento fácil. Segurou a cabeça aos 4 meses, sentou-se aos 6, começou a engatinhar aos 9 e iniciou a marcha aos 11. Apresentava uma postura corporal normal para a sua idade, porém os pais observavam que o filho não interagia com eles nem emitia sons e dizia apenas as palavras mais básicas.

Aos 18 meses, os pais e os familiares mais próximos repararam que D. continuava a apresentar problemas na linguagem. Em consulta com o pediatra, os pais mencionaram essa preocupação, mas o médico tranquilizou-os no momento, dizendo que as crianças não são todas iguais e, por isso, o desenvolvimento de D. era diferente.

Dos 18 aos 24 meses, a mãe observou comportamentos diferentes – segundo ela, "esquisitos" [sic]. Além de apresentar dificuldades na linguagem, D. se mostrava mais agitado por não ser compreendido, nem sempre reagia quando o chamavam e não dava funcionalidade aos brinquedos. Usava-os de forma diferente – por exemplo, virava os carrinhos e ficava somente girando as rodas.

As preocupações foram se acentuando com o passar do tempo e, aos 30 meses, os pais voltaram a contatar o pediatra. Referiram que os sintomas haviam piorado, sobretudo em relação à linguagem, pois o filho não respondia nem reconhecia o próprio nome. Além disso, relataram que ele não fixava o olhar; falava muito pouco; quando brincava com carrinhos, apenas girava a roda e imitava o conduzir. Pressionado, o médico concordou em pedir alguns exames, como audiograma e potenciais evocados, os quais mencionavam que a criança não apresentava problemas de ordem auditiva.

Os pais visitaram, durante cerca de seis meses, alguns psiquiatras, e todos diziam que estava tudo normal. D. entrou na escola e a mãe alertou a educadora da sala sobre os comportamentos do filho. Sua adaptação não foi muito fácil, mas ao longo do tempo ele foi se ambientando. Desde a entrada no ambiente escolar, a criança foi observada por vários profissionais da instituição: educadora da sala, psicóloga e uma educadora de intervenção precoce.

Essa equipe de profissionais realizou um relatório centrado em D., do ponto de vista cognitivo, englobando o maior número de áreas possível, o qual se desenrolou em quatro fases: entrevista à mãe, reunião com as duas educadoras, observação participante e não participante em sala de atividades e avaliação cognitiva.

De acordo com o relatório de acompanhamento psicológico, D. apresentava um quociente global de desenvolvimento de 35, encontrando-se muito abaixo da média para a sua idade (QGD < 88). Como a criança revelou excessivas dificuldades para a idade, determinou-se que receberia um trabalho individualizado com a educadora da sala e a educadora de intervenção precoce e teria consultas com uma fonoaudióloga.

Ele também foi atendido por uma psiquiatra, a qual realizou uma avaliação comportamental que indicou o espectro do autismo, aconselhando os pais a realizar novos exames a fim de descartar outras patologias. Entre os exames estavam eletroencefalograma e ressonância magnética cerebral; nestes, a criança não apresentou nenhum tipo de lesão/disfunção. A psiquiatra declarou que D., com 3 anos e 6 meses, era portador de transtorno do espectro autista, apresentando dificuldade de comunicação, falta de interação social e tendência para comportamentos repetitivos. Realçou o tipo de intervenção que deveria ocorrer, como apoio de ensino especial (intensivo e estruturado) e terapia fonoaudiológica e psicológica. Assim D. me foi indicado, e os pais me procuraram muito aflitos.

O SILÊNCIO COMO ATITUDE TERAPÊUTICA

"Quando nada se move nem faz barulho, notamos as frestas pelas quais nos espiam coisas incômodas e mal resolvidas, ou se enxerga outro ângulo de nós mesmos."

(LYA LUFT)

O que o silêncio fala e cala? Segundo a definição do dicionário Aurélio, a palavra "silêncio" significa: 1. estado de quem se cala; 2. interrupção de correspondência epistolar; 3. ausência de ruído; 4. sossego; 5. sigilo, segredo; 6. para mandar calar ou impor sossego.

Pensando em todos esses significados, observamos que nenhum está excluído do que se passa no atendimento psicoterápico, de forma que apenas se aplicam a momentos singulares e oportunos, dependendo do sentimento provocado.

O silêncio não é abdicação, tampouco ausência; não é vazio, mas sim estar calado na presença do outro. Esse silêncio se traduz na experiência cotidiana do não saber, e o terapeuta se deixa levar por ele até o momento em que acontece a precipitação do saber.

Para Khan (1977), o silêncio na situação clínica é um fato complexo e recorrente. Quando trabalhamos com a criatividade, ele emerge no começo do desenvolvimento da estruturação do ego, que vai delimitando o eu e o outro – no caso, o paciente e o terapeuta, que se delimitam na dimensão espaço e tempo do *setting* terapêutico.

O silêncio, quando se torna tema do tratamento, deve ser analisado em sua utilidade e fim, relacionado tanto com o terapeuta quanto com o paciente.

Em relação ao paciente, é fundamental que façamos a diferença entre mutismo, laconismo e silêncio. O primeiro se dá de forma prolongada, com a determinação do paciente a se manter silencioso, podendo ser de forma absoluta ou com esporádicas comunicações verbais. Já o segundo acontece em diferentes graus, modalidades e circunstâncias. Em ambos é importante que o terapeuta esteja alerta para os motivos dessa conduta, compreendendo o silêncio como um "idioma de comunicação" que está à espera de decodificação.

Dependendo do que se passa na relação terapêutica, muitas vezes o silêncio continente é importante para que o paciente se exponha num tempo e num ritmo singulares. Além disso, o modo do silêncio depende muito da subjetividade dos envolvidos e da situação. Assim, o silêncio que pode ser experienciado de maneira confortável por ambos é aquele em que há ausência de medo. Nessa experiência não verbal, o paciente ativa certa dose de tranquilidade interna, equivalente ao estado de união que foi sempre tão almejado e o qual ele não atingiu no passado.

Segundo Winnicott (1983), cada um, como paciente e terapeuta, apresenta seu estilo particular que deve ser respeitado, desde que se conheçam suas motivações para se manter silencioso ou falante. Pelo estado de silêncio podem-se proporcionar condições para o paciente solucionar o problema quando necessita de tempo e de oportunidade para fazê-lo.

Para Zimmerman (1999), o terapeuta que não oferta esses momentos ao paciente pode demonstrar ansiedade, não suportando conter dentro de si mesmo angústias referentes ao não entendimento do que se passa na relação.

Guardadas as devidas proporções e diferenças, a modalidade de comunicação entre terapeuta e cliente aparece didaticamente separada em verbal e não verbal. Cada subdivisão solicita uma escuta especial e singular, além de presença afetiva.

A primeira dessas escutas especiais é a *escuta da linguagem paraverbal*, ou seja, as mensagens que estão ao lado do verbo. Nesse caso, as palavras estão presentes, mas o terapeuta permanece atento não apenas a elas, mas à entonação, ao volume, à intensidade e à amplitude da voz do paciente. Nessa percepção dos sentimentos que aparecem com o verbo, também se devem considerar a escolha das palavras, a seleção de assuntos e possíveis atos acompanhados pelo discurso.

A partir do momento em que o paciente chega ao consultório, já passa a comunicar algo por meio de sua linguagem não verbal, que pode ser percebida pelo horário em que chega à sessão, pelo modo como se veste, pela postura física, pela expressão facial, pela maneira como se dirige ao terapeuta, como o cumprimenta e pelo modo como inicia a sessão. Durante o atendimento, o paciente pode aguçar a percepção do terapeuta e sua *escuta de gestos e atitudes* por meio de sinais de mímica facial, gestos sugestivos de impaciência, inquietação, contrariedade, sofrimento ou alívio, choro ou riso.

O silêncio acontece quando cultivamos o hábito de praticá-lo diante de situações específicas. A precipitação em dar uma resposta sem refletir, por exemplo, pode ser mudada se introduzirmos um breve silêncio entre a pergunta e a resposta, servindo de lembrete ao cérebro de que essa pausa significa pensar antes de responder. Quando silenciamos, a percepção torna-se mais aguçada e, consequentemente, também a nossa capacidade de compreensão dos fatos e das ideias.

Segundo Hycner (1997, p. 68): "O desejo é de encontrar o outro. No diálogo do silêncio, o outro se apresenta e constitui... o desejo é encontrar a pessoa como de fato ela é".

O silêncio ajuda no entendimento, de forma que falar sem conhecimento é um desastre. O silenciar diante de pequenas ofensas deve ser praticado como forma de exercício do domínio sobre estímulos e impulsos. Além disso, podemos e devemos treinar o silêncio em diversas situações para gerarmos o hábito do domínio próprio, da melhor reflexão e da saúde emocional. Sem a presença do silêncio não podemos ouvir, pois as palavras ficam imperceptíveis, confusas ou perdem o sentido. Assim, as palavras em demasia mais afastam do que aproximam.

No tratamento psicoterápico de crianças com TEA, cultivamos o silêncio, de maneira que, além de evitarmos falar muitas coisas infantis e improdutivas, permitimos que elas se expressem de forma singular. Enobrecendo o contato, a relação vai se construindo de forma dialógica e o vínculo processualmente se fortifica.

Perls (1977) destacou uma premissa fundamental em Gestalt-terapia: a homeostase. Segundo o autor, trata-se do processo por meio do qual o organismo mantém seu equilíbrio. Além disso, é por meio da homeostase que o organismo atende às suas necessidades. Portanto, o processo homeostático é aquele pelo qual o organismo mantém sua saúde.

EU COMO TERAPEUTA: SILENCIAR PARA COMPREENDER

Respeitar o silêncio no tratamento do TEA é manter a homeostase e o vir a ser de cada paciente, que se manifesta em cada ato lúdico – ao desenhar, ao cantar, ao brincar e ao deixar o outro emergir tal como está no momento, sem prévias concepções nem análises de seus comportamentos. Tudo isso nos orienta, como terapeutas, a estar com o que se apresenta, respeitando o que emerge.

O campo relacional é dinâmico, permeável, e faz que, por meio do contato organismo-meio, possamos compreender as dimensões: ética, estética, física, temporal e espacial de nosso paciente em cada sessão.

Compreendo o contato como a troca dinâmica entre duas figuras distintas e é mediante os pensamentos, ações, comportamentos e emoções que se torna possível vivenciar essas trocas.

O contato saudável é permeado de certa vivacidade e espontaneidade; entretanto, se esse contato se estabelece de forma confusa e desconexa, o organismo pode estabelecer uma relação de forma patológica.

Na relação dialógica, o terapeuta está onde o cliente está, o que é de suma importância, pois o silêncio comunica o incomunicável, sussurra o que é de mais sublime em cada ser na sua evolução, na interação com o outro no aqui e agora.

Nas primeiras sessões, D. não estabelecia nenhum tipo de comunicação nem de vínculo. Aos poucos, fomos construindo as possibilidades de nos encontrarmos e ele foi me mostrando os caminhos, jogando carrinhos pelos ares, rabiscando papéis, vendo vídeos, desenhando o não compreendido, montando animais e construindo com blocos – momentos de encontros genuínos e únicos.

De acordo com Cardella (2009), o trabalho terapêutico pode nos ajudar a encontrar o sentido de nossa trajetória pessoal, tornando a vida uma criação.

Diante dos meus pacientes, sou apenas interlocutora do não dito, do silêncio e da presença na situação dialógica. Estar aberta ao contato é estar disponível para um encontro verdadeiro que permita a criação de um vínculo afetivo.

D. permaneceu comigo por seis anos e em silêncio até que em determinado momento conseguiu falar e mostrar suas necessidades renovadas, as quais sempre foram primordiais no contato terapeuta-cliente. Nós nos aproximamos quando ele contou sobre seus familiares e colegas de escola usando desenhos e fotos, e também quando me mostrou vídeos.

Segundo Cardella (2009, p. 178), "cada pessoa lida de modo particular com os acontecimentos de sua biografia, mas todos podemos aprender a atravessá-los recriando nosso destino".

D. foi crescendo e sinalizando quanto nossa relação de silêncio e de poucas palavras tinha um sentido único e de comunicação no que ele necessitava para ser visto e reconhecido. Aos poucos foi se sentindo mais à vontade e tecendo novas formas de interagir comigo e com os outros nos meios em que circulava.

O silêncio tem diferentes significados, e aqui eu o abordo com significação profunda, pois diante da minha presença D. constituiu a si mesmo. Em cada encontro, quando assumimos o respeito pelo outro, facilitamos a relação e o paciente vai se reconfigurando no estar, no permanecer no silêncio e em pequenas lacunas de comunicação.

D. hoje é um adolescente que cursa o ensino médio, socializa com seus familiares e amigos e interage com pessoas diferentes. Ele tem boa capacidade de comunicação, não toma nenhum medicamento e consegue expressar-se quando há necessidade.

O silêncio foi uma forma de conectar-se consigo e com o outro, a fim de respeitar e ser respeitado nos intervalos de ir e vir dos contatos saudáveis que estabeleceu e até hoje nutre com o meio que o cerca. Aprendi a manter o silêncio a serviço da relação e compreendi que ser terapeuta é estar a serviço de nosso cliente, pois somos os principais instrumentos na relação terapêutica. Somos para cada um a esperança de transformar e ser transformados.

Hoje compreendo que, no término de uma relação terapêutica, não há o amor doado ou recebido, há o AMOR como última palavra.

REFERÊNCIAS

APA. AMERICAN PSYCHIATRIC ASSOCIATION. *Manual de diagnóstico e estatística das perturbações mentais: DSM-IV-TR*. 4. ed. rev. Porto Alegre: Artmed, 2002.

ASPERGER, H. [1944]. "Autistic psychopathy in childhood". In: FRITH, U. (ed.). *Autism and Asperger syndrome*. Londres: Cambridge University Press, 1991, p. 37-92.

BARON-COHEN, S. "Social and pragmatic deficits in autism: cognitive or affective?" *Journal of Autism and Development Disorder*, v. 18, n. 3, 1988, p. 379-402.

BOGDAN, R.; BIKLEN, S. *Investigação qualitativa em educação: introdução à teoria e aos seus métodos*. Porto: Porto Editora, 1994.

BOSA, C.; BAPTISTA, C. *Autismo e educação: reflexões e propostas de intervenção*. Porto Alegre: Artmed, 2002.

CARDELLA, B. H. P. *Laços e nós: amor e intimidade nas relações humanas*. São Paulo: Ágora, 2009.

CAVACO, N. *O profissional e a educação especial: uma abordagem sobre o autismo*. Lisboa: Novembro, 2010.

CORREIA, L. M. *Alunos com necessidades educativas especiais nas classes regulares*. Porto: Porto Editora, 1997.

DUARTE, J. B. "Estudos de caso em educação: investigação em profundidade com recursos reduzidos e outro modo de generalização". *Revista Lusófona de Educação*, v. 11, 2009. Disponível em: <http://revistas.ulusofona.pt/index.php/rleducacao/article/view/575>. Acesso em: 20 jul. 2019.

FONSECA, V. *Educação especial: programa da estimulação precoce*. Lisboa: Editorial Notícias, 1989.

_____. *Insucesso escolar: abordagem psicopedagógica das dificuldades de aprendizagem*. Lisboa: Âncora, 1999.

FORTIN, M. *O processo de investigação: da concepção à realização*. Lisboa: Lusociência, 1996.

GARCÍA, T.; RODRÍGUEZ, C. "A criança autista". In: CUBEROS, M. *et al. Necessidades educativas especiais*. Lisboa: Dinalivro, 1997.

GOMES, A. M. P. M. "Famílias heroínas: enfrentar a adversidade de ter um filho diferente". *Cadernos de Estudo*, n. 5. Porto: ESE de Paula Frassinetti, 2007.

HEWITT, S. *Compreender o autismo: estratégias para alunos com autismo nas escolas regulares*. Porto: Porto Editora, 2006.

HYCNER, R. *Relação e cura em Gestalt-terapia*. São Paulo: Summus, 1997.

KANNER, L. "Autistic disturbances of affective contact". *Nervous Child*, v. 2, 1943, p. 217-50.

KHAN, M. M. R. "Montaigne, Rousseau e Freud". In: *Psicanálise: teoria, técnica e casos clínicos*. Rio de Janeiro: Francisco Alves, 1977.

MARCONI, M. A.; LAKATOS, E. M. *Metodologia do trabalho científico*. São Paulo: Atlas, 2001.

MARQUES, C. E. *Perturbações do espectro do autismo: ensaio de uma intervenção construtivista desenvolvimentista com mães*. Coimbra: Quarteto, 2000.

PEREIRA, E. *Autismo: do conceito à pessoa*. Lisboa: Graforim Artes Gráficas, 1996.

PERLS, F. *A abordagem gestáltica e testemunha ocular da terapia*. Rio de Janeiro: Zahar, 1977.

RUTTER, M. "Genetic influences in autismo". In: VOLKMAR, F. *et al. Handbook of autism and pervasive developmental disorders*. 3. ed. Nova York: Wiley, 2005.

RUTTER, M. *et al. Fifteen thousand hours: secondary schools and their effects on children*. Londres: Open Books, 1979.

SIEGEL, B. *O mundo da criança com autismo: compreender e tratar perturbações do espectro do autismo*. Porto: Porto Editora, 2008.

WING, L.; GOULD, J. "Severe impairments of social interaction and associated abnormalities in children: epidemiology and classification". *Journal of Autism and Developmental Disorders*, v. 9, 1979, p. 11-29.

WINNICOTT, D. W. *O ambiente e os processos de maturação: estudos sobre a teoria do desenvolvimento emocional*. Porto Alegre: Artes Médicas, 1983.

ZIMMERMAN, D. E. *Fundamentos psicanalíticos: teoria, técnica e clínica: uma abordagem didática*. Porto Alegre: Artmed, 1999.

AS AUTORAS

Carla Poppa
Doutora em Psicologia Clínica pela Pontifícia Universidade Católica de São Paulo (PUC-SP), é professora do curso de especialização em Gestalt-terapia no Instituto Sedes Sapientiae. Ministra cursos sobre trauma, desenvolvimento saudável e psicoterapia. Psicoterapeuta e supervisora de casos clínicos de crianças e adultos, é autora de O *suporte para o contato – Gestalt e infância* (Summus, 2018).

Claudia Clair P. Tessari
Psicóloga formada pela Universidade de Caxias do Sul (UCS-RS). Gestalt-terapeuta há 20 anos, é especialista em psicologia clínica pelo Conselho Federal de Psicologia (CFP). Sócia-fundadora da Clínica Tessari, onde exerce a função de psicóloga e atende crianças, adolescentes, adultos e suas famílias, e do Re-Criar Centro de Estudos Avançados em Medicina e Psicologia, onde exerce a função de coordenadora pedagógica e professora. Coordena cursos na área da infância e adolescência em Gestalt-terapia e *workshops* terapêuticos. Estudiosa das constelações familiares.

Evelyn de Oliveira
Psicóloga, psicoterapeuta e supervisora clínica. Mestre e doutoranda em Psicologia da Saúde pela Universidade Católica Dom Bosco (UCDB), é especialista em Gestalt-terapia pelo Instituto de Gestalt-terapia de Mato Grosso do Sul

(IGT-MS), com formação em Gestalt-terapia com crianças pelo Dasein (Marília-SP). Psicopedagoga e especialista em avaliação psicológica, tem formação em condução de grupos em fenomenologia. Autora de artigos sobre Gestalt-terapia, coordena grupos de estudos teóricos e de casos em Campo Grande (MS). Professora e supervisora clínica do curso de Psicologia da UCDB.

Fabiana De Zorzi
Mestre em Psicologia pela Universidade de Fortaleza (Unifor), atua como pesquisadora da Fundação Cearense de Apoio ao Desenvolvimento Científico e Tecnológico (Funcap). Graduada em Psicologia pela Universidade de Caxias do Sul (UCS-RS), tem formação em terapias cognitivas pelo Centro de Controle do Stress (RS) e em Gestalt-terapia com crianças e adolescentes pelo West Coast Institute for Gestalt Therapy with Children and Adolescents. Gestalt--terapeuta pelo Centro de Estudos em Gestalt do Rio Grande do Sul, participou do Laboratório de Psicopatologia e Psicoterapia Humanista Fenomenológica Crítica (Apheto) e do Laboratório de Fenomenologia Experimental e Cognição (LaFEC) como pesquisadora Caps-Procad. Atende crianças, adolescentes e adultos em clínica particular e ministra cursos sobre Gestalt-terapia. É supervisora clínica e professora convidada nos cursos de formação em Gestalt-terapia dos centros Encuentro e Re-Criar.

Luciana Aguiar
Mestre em Psicologia pela Universidade Federal do Rio de Janeiro (UFRJ), especialista em psicologia clínica pelo Conselho Federal de Psicologia (CFP) e Gestalt-terapeuta, é fundadora e coordenadora do Dialógico – Núcleo de Gestalt-terapia do Rio de Janeiro. Professora convidada de

diversos institutos de Gestalt-terapia do Brasil e supervisora clínica. Autora do livro *Gestalt-terapia com crianças – Teoria e prática* (Summus, 2014).

Rosana Zanella

Psicóloga, psicoterapeuta e mestre em Psicologia da Saúde pela Universidade Metodista de São Paulo (Umesp), é especialista em psicologia clínica pelo Conselho Federal de Psicologia (CFP) e em Gestalt-terapia pelo Instituto Sedes Sapientiae, onde é professora e coeditora da *Revista de Gestalt*. Coordenadora do curso "A clínica gestáltica infantojuvenil", é autora de capítulos de livros sobre Gestalt com crianças e adolescentes e organizadora de *A clínica gestáltica com adolescentes* (Summus, 2013). Coordena, em parceria, o curso de especialização em Gestalt na Universidade Cruzeiro do Sul (Unicsul). Professora no Centro Universitário FMU.

Sheila Antony

Mestre em Psicologia pela Universidade de Brasília (UnB), é membro-fundador e docente do Instituto de Gestalt-terapia de Brasília. Organizadora do livro *A clínica gestáltica com crianças* (Summus, 2013), é autora de *Cuidando de crianças: teoria e arte em Gestalt-terapia* (Juruá, 2012) e *Criança hiperativa & Gestalt-terapia: seu modo de sentir, pensar e agir* (Juruá, 2018). Autora de diversos artigos científicos, realiza supervisão em grupo e individual.

Taís Aparecida Augusto

Psicóloga, psicoterapeuta e psicopedagoga clínica, é especialista em Gestalt-terapia pelo Instituto Sedes Sapientiae. Professora do curso de especialização em Gestalt-terapia da mesma instituição, ministra o curso de atendimento com crianças em Gestalt-terapia no Instituto de Gestalt de São Paulo. É neuroeducadora e especialista em atendimento de crianças com Transtorno do Espectro Autista (TEA).

Virginia Suassuna

Formada em Psicologia pela Universidade de São Paulo (USP-Ribeirão Preto), é pós-graduada em Psicologia Clínica pela Pontifícia Universidade Católica de Belo Horizonte (PUC-Minas). Mestre em Educação pela Universidade Católica de Goiás (UCG) e doutora em Ciências da Saúde pela Universidade de Brasília/Universidade Federal de Goiás (UnB/UFG), formou-se em Gestalt-terapia pelo Centro de Estudos de Gestalt-terapia (Cegest) de Brasília. Especializou-se em Gestalt-terapia no Gestalt Therapy Institute of Los Angeles. Psicoterapeuta e proprietária da Gestalt Clínica, é membro-fundador, professora e supervisora do Instituto de Treinamento e Pesquisa em Gestalt-terapia de Goiânia (ITGT). Professora da Universidade Católica de Goiás (UCG), é autora de artigos e capítulos de livros adultos e infantis.

www.gruposummus.com.br